# Grammatik kurz & bündig
# PORTUGIESISCH

von
Isabel Morgado Kessler

**PONS GmbH**
Stuttgart

**PONS**
**Grammatik kurz & bündig**
**PORTUGIESISCH**

von

Isabel Morgado Kessler

Dieses Werk ist inhaltlich identisch mit ISBN 978-3-12-560869-6.

Auflage A1 6 5 4 3 2 / 2013 2012 2011


**PONS Produktinfos und Shop: www.pons.de**
**PONS Sprachenportal: www.pons.eu**
**E-Mail: info@pons.de**


**Redaktion:** Regina Reinboth-Kämpf
**Logoentwurf:** Erwin Poell, Heidelberg
**Logoüberarbeitung:** Sabine Redlin, Ludwigsburg
**Titelfoto:** Vlado Golub, Stuttgart
**Einbandgestaltung:** Tanja Haller, Petra Schnur, Stuttgart
**Layout:** Ulrike Promies, Metzingen
**Satz:** Fotosatz Kaufmann, Stuttgart
**Druck und Bindung:** Print Consult GmbH, Oettingenstraße 23, München

Printed in Slovak Republic.
**ISBN: 978-3-12-561688-2**

# So benutzen Sie dieses Buch

Sie wollen die Regeln der portugiesischen Sprache auf einfache und verständliche Weise erlernen oder wiederholen, Sie möchten bei speziellen Fragen aber auch schnell und gezielt nachschlagen können.

Die **PONS Grammatik** Portugiesisch kurz & bündig bietet Ihnen eine **übersichtliche Darstellung** der aktuellen portugiesischen Sprache in Portugal und Brasilien. Die **klar formulierten Regeln** werden durch zahlreiche Beispiele mit deutschen Übersetzungen veranschaulicht.

Die **PONS Grammatik** warnt auch vor **typischen Fehlerquellen**, die gerade deutschsprachigen Portugiesisch Lernenden häufig passieren.

Bei der Arbeit mit diesem Buch helfen Ihnen folgende Symbole:

Hier wird auf eine **Regel** oder eine **Besonderheit** hingewiesen, die man nicht übersehen sollte.

Hier werden **Unterschiede** zwischen dem Deutschen und dem Portugiesischen aufgezeigt, die Sie besonders beachten sollten.

Kleine **Tipps** verraten Ihnen an dieser Stelle, wie Sie sich die Regeln besser merken können.

Hier finden Sie **Varianten**, die in Brasilien vorkommen.

► Hier wird auf andere Grammatikkapitel verwiesen.

Wenn Sie etwas gezielt nachschlagen wollen, führt Sie das ausführliche **Stichwortregister** im Anhang schnell zur richtigen Stelle. So wird die **PONS Grammatik** zu Ihrem wertvollen Begleiter beim Erlernen der portugiesischen Sprache.

Viel Spaß und Erfolg!

# Inhalt

# Erklärung der Grammatikbegriffe

| Portugiesisch | Latein | Deutsch |
|---|---|---|
| adje(c)tivo | Adjektiv | Eigenschaftswort |
| advérbio | Adverb | Umstandswort |
| artigo | Artikel | Geschlechtswort |
| comparativo | Komparativ | 1. Steigerungsstufe |
| complemento | Objekt | Ergänzung |
| condicional | Konditional | Bedingungsform |
| conjugação | Konjugation | Beugung (des Verbs) |
| conjunção | Konjunktion | Bindewort |
| conjuntivo/subjuntivo | Konjunktiv | Möglichkeitsform |
| consoante | Konsonant | Mitlaut |
| ditongo | Diphthong | Doppellaut |
| futuro | Futur | Zukunft |
| género | Genus | Geschlecht |
| gerúndio | Gerundium | Verlaufsform |
| imperativo | Imperativ | Befehlsform |
| indicativo | Indikativ | Wirklichkeitsform |
| infinitivo | Infinitiv | Grundform |
| modo | Modus | Aussageweise |
| negação | Negation | Verneinung |
| normal | Positiv | Grundstufe |
| particípio | Partizip | Mittelwort |
| passiva | Passiv | Leideform |
| plural | Plural | Mehrzahl |
| prefixo | Präfix | Vorsilbe |
| preposição | Präposition | Verhältniswort |
| presente | Präsens | Gegenwart |
| pretérito imperfeito | Imperfekt | (unvollendete) Vergangenheit |
| pretérito mais-que-perfeito | Plusquamperfekt | Vorvergangenheit |
| pretérito perfeito | Perfekt | vollendete Gegenwart |
| pronome | Pronomen | Fürwort |
| pronome demonstrativo | Demonstrativpronomen | hinweisendes Fürwort |
| pronome indefinido | Indefinitpronomen | unbestimmtes Fürwort |
| pronome interrogativo | Interrogativpronomen | Fragefürwort |
| pronome pessoal | Personalpronomen | persönliches Fürwort |
| pronome possessivo | Possessivpronomen | besitzanzeigendes Fürwort |
| pronome relativo | Relativpronomen | bezügliches Fürwort |
| singular | Singular | Einzahl |
| substantivo | Substantiv | Hauptwort |
| sufixo | Suffix | Nachsilbe |
| sujeito | Subjekt | Satzgegenstand |
| superlativo | Superlativ | 2. Steigerungsstufe |
| tempo | Tempus | Zeit |
| verbo | Verb | Tätigkeitswort |
| vogal | Vokal | Selbstlaut |

**In diesem Buch verwendete Abkürzungen**

BP = brasilianisches Portugiesisch
etw. = etwas
jdm = jemandem
m. = maskulin
Pl. = Plural
Umg. = Umgangssprache
EP = europäisches Portugiesisch
f. = feminin
jdn = jemanden
Pers. = Person
Sg., Sing. = Singular

**Hinweis**

Innerhalb eines Wortes in Klammern gesetzte Buchstaben werden nur in Portugal, nicht aber in Brasilien geschrieben: **ó(p)timo** → Portugal: **óptimo**, Brasilien: **ótimo**

# 1 Alfabeto, pronúncia, acentuação – Alphabet, Aussprache und Betonung

In der Regel wird Portugiesisch schneller gesprochen, als es einem Nicht-Muttersprachler lieb ist ... Was aber das Hörverständnis besonders erschwert, sind eher die ungewohnte Nasalierung, die satten **sch**-Klänge und vor allem die Tatsache, dass die Wörter sehr oft miteinander verbunden werden. Wie, das wird Ihnen in diesem Kapitel näher erklärt werden.

## Das Alphabet

| | | | | | |
|---|---|---|---|---|---|
| **A** | **a** | [a] | **N** | **n** | ['ɛnə] |
| **B** | **b** | [be] | **O** | **o** | [ɔ] |
| **C** | **c** | [se] | **P** | **p** | [pe] |
| **D** | **d** | [de] | **Q** | **q** | [ke] |
| **E** | **d** | [ɛ] | **R** | **r** | ['ɛrə] |
| **F** | **f** | ['ɛfə] | **S** | **s** | ['ɛsə] |
| **G** | **g** | [ge] | **T** | **t** | [te] |
| **H** | **h** | [ɐ'ga] | **U** | **u** | [u] |
| **I** | **i** | [i] | **V** | **v** | [ve] |
| **J** | **j** | ['ʒɔtɐ] | **W** | **w** | [vedu'bradu] |
| **K** | **k** | ['kapɐ] | **X** | **x** | [ʃiʃ] |
| **L** | **l** | ['ɛlə] | **Y** | **y** | [i'gregu] |
| **M** | **m** | ['ɛmə] | **Z** | **z** | [ze] |

## Die Aussprache

Was die meisten Schwierigkeiten in der portugiesischen Aussprache bereitet, ist die Verbindung der Sprecheinheiten. Ein Anfänger hat oft das Gefühl, dass er nur einen ganz langen Satz statt Einzelwörter hört. Man verbindet beispielsweise einen Konsonant am Wortende mit einem folgenden Vokal. Ein **e** am Wortende, auch manchmal **o** oder **a**, fällt vor einem folgenden Vokal aus:

depois d**e** amanhã [də'poiʒ d‿amɐ'ɲẽ]
pequen**o** almoço [pə'ken‿al'mosu]

Zwei unbetonte **a**, die aufeinander treffen, werden als ein offenes **a** ausgesprochen:

tod**a** **a** noite ['toda 'noite]

## Vokale

| | | | | |
|---|---|---|---|---|
| **a** | in betonter Silbe | offen wie in **a**lle | [a] | c**á**, l**a**do |
| | in unbetonter Silbe oder allein | geschlossen, ähnlich wie in Ros**e** | [ɐ] | cam**a**, **a** |
| | vor -m oder -n | nasaliert | [ɐ̃] | c**a**mpo, qu**a**nto |
| **ã** | | nasaliert und geschlossen | [ɐ̃] | manh**ã** |
| **e** | in betonter Silbe | offen wie in h**e**ll | [ɛ] | caf**é**, **e**la |
| | in betonter Silbe | geschlossen wie in g**e**ben | [e] | c**e**na, **e**le |
| | am Wortende | kaum hörbar | [ə] | tard**e**, ond**e** |
| | (in Brasilien) am Wortende | wie **i** | [i] | telefon**e**, noit**e** |
| | am Wortanfang vor -s, -x oder allein | wie **i** | [i] | **e**star, **e**xame, **e** |
| | vor -n | nasaliert | [ẽ] | qu**e**nte |
| **i** | | ähnlich wie im Deutschen | [i] | l**i**vro, bon**i**to |
| | vor -m oder -n | nasaliert | [ĩ] | f**i**m, g**i**nja |
| **o** | in betonter Silbe | offen wie in **o**ffen | [ɔ] | p**o**rta, av**ó** |
| | in betonter Silbe | geschlossen wie in R**o**se | [o] | n**o**vo, av**ô** |
| | in unbetonter Silbe oder allein | wie **u** | [u] | obrigad**o**, **o** |
| | vor -m oder -n | nasaliert | [õ] | c**o**m, pr**o**nto |
| **õ** | | nasaliert und geschlossen | [õ] | avi**õ**es, coraç**õ**es |
| **u** | | ähnlich wie im Deutschen | [u] | t**u**do, l**u**gar |
| | vor -m oder -n | nasaliert | [ũ] | **u**m, pres**u**nto |

In Brasilien werden die Vokale generell offener und deutlicher als in Portugal ausgesprochen.

## Diphthonge

Ein Diphthong ist ein Doppellaut aus zwei Vokalen. Im Portugiesischen gibt es Oraldiphthonge und Nasaldiphthonge, in denen jeder Vokal seinen eigenen Klang behält.

Bei den Oraldiphthongen achten Sie auf den Unterschied zwischen offenem **e** [ɛ] und geschlossenem **e** [e] sowie zwischen offenem **o** [ɔ] und geschlossenem **o** [o]:

hot**éi**s [ɔ'tɛiʃ]
c**éu** ['sɛu]
s**ói**s ['sɔiʃ]

p**ei**xe ['peiʃə]
s**eu** ['seu]
c**oi**sa ['koizɐ]

Bei den Nasaldiphthongen wird der erste Vokal nasal ausgesprochen:

irm**ão** [ir'mɐ̃u]
m**ãe** [mɐ̃i]
coraç**õe**s [kurɐ'sõiʃ]

Zu beachten ist, dass die Wortendungen **-am** und **-em** ebenfalls einen Diphthong bilden. In diesem Fall hört sich der Vokal **e** ausnahmsweise wie nasaliertes geschlossenes **a** [ɐ̃] an:

fal**am** ['falɐ̃u]
b**em** [bɐ̃i]

! Die zwei aufeinander folgenden Vokale **ou** werden nicht als Diphthong, sondern immer wie geschlossenes **o** [o] ausgesprochen!

## Konsonanten

Anders als im Deutschen werden ausgesprochen:

| | | | | |
|---|---|---|---|---|
| **c** | vor -a, -o, -u und Konsonanten | wie deutsches **k** | [k] | **c**asa, **c**omo, o**c**ulto, pa**c**to |
| | vor -e und -i | stimmloses **s**, wie in la**ss**en | [s] | a**c**eitar, **c**idade |
| **ç** | vor -a, -o, -u | stimmloses **s**, wie in la**ss**en | [s] | pe**ç**a, almo**ç**o, a**ç**úcar |
| **ch** | immer | wie deutsches **sch** | [ʃ] | **ch**ave, fe**ch**ado |
| **d** | (in Brasilien) vor -i | wie **j** im englischen **j**ingle | [dʒ] | **d**ia, **d**ire(c)tor |
| | (in Brasilien) vor -e in unbetonter Silbe am Wortende | wie **j** im englischen **j**ingle | [dʒ] | tar**d**e |
| **g** | vor -a, -o, -u und Konsonanten | wie deutsches **g** | [g] | **g**ato, A**g**osto, re**g**ular, i**g**reja |
| | vor -e und -i | wie in Gara**g**e | [ʒ] | lon**g**e, re**g**isto |

| | | | | |
|---|---|---|---|---|
| **h** | ohne -c und -l davor | stumm | | **h**á, **h**ora |
| **j** | immer | wie in **J**ournal | [ʒ] | **J**orge, **j**antar |
| **l** | am Wortanfang und zwischen Vokalen | wie deutsches **l** | [l] | **l**indo, fa**l**ar |
| | im Wortinnern vor Konsonanten und am Wortende | ähnlich wie englisches **l** in ha**ll** | [ɫ] | a**l**to, hote**l** |
| | (in Brasilien) am Silben- und Wortende | ähnlich wie **u** | [u] | Va**l**demar, Brasi**l** |
| **lh** | immer | etwa wie in Fami**lie**, ähnlich wie das ital. **gl** in fi**gl**io | [ʎ] | fi**lh**o, mu**lh**er |
| **nh** | immer | etwa wie in Ko**gn**ak | [ɲ] | se**nh**or, mi**nh**a |
| **qu** | vor -a und -o | wie deutsches **ku** | [kw] | **qu**arto, **qu**ota |
| | vor -e und -i | wie deutsches **k** | [k] | **qu**ente, a**qu**i |
| **r** | am Wort- oder Silbenende und zwischen Vokalen | leichtes Zungen-**r** | [ɾ] | fala**r**, ba**r**co, ca**r**o |
| | am Wort- oder Silbenanfang und wenn -rr- geschrieben | stark gerolltes Zungen- oder Zäpfchen-**r** | [ʀ] | **r**ua, hon**r**a, ca**rr**o |
| **s** | am Wort- oder Silbenanfang nach Konsonant und wenn -ss- geschrieben | stimmloses **s**, wie in la**ss**en | [s] | **s**uave, pen**s**ar, pa**ss**eio |
| | zwischen Vokalen und bei Bindung am Wortende, wenn das folgende Wort mit Vokal beginnt | wie in le**s**en | [z] | ca**s**a, atra**s**o, sei**s** **E**uros |
| | am Wortende und vor stimmlosem Konsonanten | wie deutsches (schwaches) **sch** | [ʃ] | porta**s**, fe**s**ta |
| **t** | (in Brasilien) vor -i | **t** gefolgt von einem deutschen (schwachen) **sch** | [tʃ] | **t**io, român**t**ico |
| | (in Brasilien) vor -e in unbetonter Silbe am Wortende | **t** gefolgt von einem deutschen (schwachen) **sch** | [tʃ] | noi**t**e |
| **v** | immer | wie deutsches **w** | [v] | **v**ida |

| | | | | |
|---|---|---|---|---|
| **x** | | wie deutsches **sch** | [ʃ] | pei**x**e, bai**x**o, se**x**ta, e**x**tra |
| | | wie in le**s**en | [z] | e**x**ame, e**x**emplo |
| | | stimmloses **s**, wie in la**ss**en | [s] | pró**x**imo, má**x**imo |
| | | wie **ks** | [ks] | tá**x**i, tó**x**ico |
| **z** | am Wortanfang und zwischen Vokalen | wie in le**s**en | [z] | **z**ero, a**z**ul |
| | am Wortende | wie deutsches (schwaches) **sch** | [ʃ] | de**z** |

In Brasilien werden **s** und **z** am Wortende nicht so stark wie deutsches **sch** ausgesprochen, sondern eher wie das stimmhafte **s** in *le**s**en*.

# Die Betonung

| Betonte Silbe | Wörter, die: | Beispiel |
|---|---|---|
| vorletzte | auf **-a**, **-e**, **-o**, **-as**, **-es**, **-os**, **-am** und **-em** enden und keinen Akzent haben (die meisten portugiesischen Wörter!) | me**ni**na, pe**que**nos, **fa**lam |
| letzte | auf **-l**, **-r**, **-z**, nasaliertes **-ã**, **-ão**, **-ões**, **-i**, **-u** enden und keinen Akut (´) oder Zirkumflex (^) haben (mit Ausnahmen!) | jor**nal**, mo**tor**, ra**paz**, ma**çã**, avi**ão**, java**li** |
| drittletzte | in der drittletzten Silbe durch einen Akut oder Zirkumflex gekennzeichnet sind | his**tó**ria, confe**rên**cia |

Eine falsche Betonung gefährdet die Verständigung mehr als beispielsweise eine falsche Verbform!

Ob Sie es glauben oder nicht: Große Freunde sind die Akzente, denn die Silbe, die den Akzent trägt, wird immer betont!

## Akzente

| | | | |
|---|---|---|---|
| Akut | agudo | á, é, í, ó, ú | **á**gua, caf**é**, dif**í**cil, l**ó**gico |
| Zirkumflex | circunflexo | â, ê, ô | c**â**mara, portugu**ê**s, |
| Gravis | grave | à | **à**, **à**quele, **à**quilo |
| Tilde (Nasalierung) | til | ã, ão, ãe, õe | irm**ã**, alem**ão**, m**ãe**, avi**õe**s |

# 2 O artigo – Der Artikel

Gleich vorneweg eine gute Nachricht: Anders als im Deutschen gibt es im Portugiesischen nur männliche und weibliche Artikel. Sächliche Artikel gibt es nicht.

## Der bestimmte Artikel

### Die Formen des bestimmten Artikels

| | männlich | weiblich |
|---|---|---|
| Singular | **o** carro | **a** porta |
| Plural | **os** carros | **as** portas |

Im Portugiesischen gibt es nur zwei Geschlechter, im Deutschen aber drei: Klar, dass dann die Geschlechter der Substantive nicht parallel gehen können ... Lernen Sie also die Substantive immer mit dem passenden bestimmten Artikel dazu.

**a** casa *das Haus* **a** praça *der Platz* **o** canto *die Ecke*

### Der Gebrauch des bestimmten Artikels

Im Gegensatz zum Deutschen wird der bestimmte Artikel im Portugiesischen gebraucht vor:

| | |
|---|---|
| Vor- und Familiennamen | **O António** é português.<br>**Os Santos** moram em Lisboa. |
| Titeln und in der indirekten Anrede | **O Dr.** Pereira é um bom médico.<br>**A senhora** conhece o Brasil? |
| Geographischen Namen | **Os Alpes** são lindos! |
| Feiertagen | **A Páscoa** este ano é cedo. |
| Possessivpronomen | **O meu** amigo fala alemão. |

In Brasilien verwendet man in der Regel den Artikel nicht vor den Possessivpronomen!

### Der Gebrauch des bestimmten Artikels bei Länder- und Städtenamen

Vor Ländernamen steht der bestimmte Artikel:

**o** Brasil
**os** Estados Unidos
**a** Alemanha
**a** Grécia

*aber:* Portugal
Cabo Verde
Israel
Andorra

Vor Städtenamen steht in der Regel kein bestimmter Artikel:

**Coimbra** tem uma universidade muito antiga.
**Lisboa** é a capital de Portugal.

Folgende Beispiele gehen auf Sachbezeichnungen zurück oder haben in der jeweiligen Landessprache schon einen bestimmten Artikel:

**o** Porto *(Hafen)*
**o** Havre *(Le Havre)*
**o** Rio de Janeiro *(Januarfluss)*
**a** Haia *(Den Haag)*

## Der unbestimmte Artikel

### Die Formen des unbestimmten Artikels

| | männlich | weiblich |
|---|---|---|
| Singular | **um** ano | **uma** casa |
| Plural | **uns** anos | **umas** casas |

Im Deutschen gibt es keinen Plural des unbestimmten Artikels. Der portugiesische unbestimmte Artikel im Plural **uns/umas** kann mit *einige* übersetzt werden. Im Zusammenhang mit Zahlen bedeutet er *circa.*

Comprei **uns** livros interessantes. — *Ich kaufte (einige) interessante Bücher.*
De Lisboa ao Porto são **uns** 300 km. — *Von Lissabon nach Porto sind es circa 300 km.*

# Die Verschmelzung mit Präpositionen

Einige Präpositionen verschmelzen mit dem nachfolgenden bestimmten oder unbestimmten Artikel zu einem Wort.

## Die Verschmelzung mit dem bestimmten Artikel

| | + o | + a | + os | + as |
|---|---|---|---|---|
| a | **ao** | **à** | **aos** | **às** |
| de | **do** | **da** | **dos** | **das** |
| em | **no** | **na** | **nos** | **nas** |
| por | **pelo** | **pela** | **pelos** | **pelas** |

! Diese Verschmelzung ist ein Muss!

Dás uma gorjeta **ao** porteiro. — *Du gibst dem Portier ein Trinkgeld.*
Leio a carta **da** minha amiga. — *Ich lese den Brief meiner Freundin.*
Há muita gente **na** rua. — *Es sind viele Leute auf der Straße.*
Vou pelo centro **da** cidade. — *Ich gehe durch das Stadtzentrum.*

## Die Verschmelzung mit dem unbestimmten Artikel

| | + um | + uma | + uns | + umas |
|---|---|---|---|---|
| de | **dum** | **duma** | **duns** | **dumas** |
| em | **num** | **numa** | **nuns** | **numas** |

! Diese Verschmelzung ist kein Muss!

As páginas **dum** livro. — *Die Seiten eines Buches.*
Moro **numa** aldeia pequena. — *Ich wohne in einem kleinen Dorf.*

► Kapitel 10 Die Präpositionen, Seite 84.

# 3 O substantivo – Das Substantiv

Alle Substantive sind durch Geschlecht (männlich oder weiblich) und Zahl (Singular oder Plural) gekennzeichnet.

## Das Geschlecht der Substantive

Anders als im Deutschen gibt es im Portugiesischen nur männliche und weibliche Substantive. Sächliche Substantive gibt es nicht.

| männlich | | weiblich | |
|---|---|---|---|
| **o** | carr**o** | **a** | port**a** |
| **o** | senhor | **a** | senhor**a** |

Die Geschlechter der deutschen und der portugiesischen Substantive stimmen sehr oft nicht überein. Das ist logisch, denn auf drei deutsche Geschlechter kommen nur zwei im Portugiesischen. Aber selbst die deutschen männlichen und weiblichen Substantive haben im Portugiesischen oft nicht dasselbe Geschlecht:

**o** banco ***die** Bank* **a** mala ***der** Koffer*

► Kapitel 2 Der bestimmte Artikel, Seite 14.

Ob ein Wort nun männlich oder weiblich ist, lässt sich zum Glück sehr häufig an der Endung erkennen, denn die meisten Substantive auf **-o** sind männlich, die auf **-a** weiblich.

| männlich | | weiblich | |
|---|---|---|---|
| **o** | an**o** | **a** | seman**a** |
| **o** | amig**o** | **a** | amig**a** |

Es gibt aber leider auch Substantive, die auf **-a** enden und nicht weiblich sind, und Endungen, die für beide Geschlechter gleich sind:

| | | | |
|---|---|---|---|
| **o** clim**a**<br>**o** di**a** | *das Klima*<br>*der Tag* | **o** restaurant**e**<br>**a** carn**e** | *das Restaurant*<br>*das Fleisch* |
| **o** alem**ão**<br>**a** estaç**ão** | *der Deutsche*<br>*der Bahnhof* | **o** senh**or**<br>**a** fl**or** | *der Herr*<br>*die Blume* |

! Substantive, die auf **-ema** oder **-ama** enden, sind immer männlich.

o cin**ema** *(das Kino)*, o t**ema** *(das Thema)*
o dr**ama** *(das Drama)*, o progr**ama** *(das Programm)*

## Das Geschlecht bei bestimmten Wortendungen

Substantive mit folgenden Endungen sind meistens männlich:

| Endung | Beispiel | Ausnahme |
|---|---|---|
| **-o** | **o** an**o**, **o** err**o**, **o** almoç**o** | |
| **-or** | **o** elevad**or**, **o** mot**or**, **o** cal**or** | **a** c**or**, **a** fl**or** |
| **-á** | **o** ch**á**, **o** sof**á**, **o** guaran**á** | **a** p**á** |
| **-s** | **o** gá**s**, **o** paí**s**, **o** lápi**s** | **a** bilí**s** |
| **-l** | **o** sa**l**, **o** so**l**, **o** cora**l**, **o** ane**l** | **a** catedra**l** |
| **-az** | **o** rap**az**, **o** cart**az** | **a** p**az** |
| **-i** | **o** júr**i**, **o** javal**i** | |

Substantive mit folgenden Endungen sind meistens weiblich:

| Endung | Beispiel | Ausnahme |
|---|---|---|
| **-a** | **a** cas**a**, **a** terr**a**, **a** amig**a** | |
| **-ade** | **a** felicid**ade**, **a** id**ade** | |
| **-gem** | **a** para**gem**, **a** gara**gem** | |
| **-ção** | **a** refei**ção**, **a** esta**ção** | **o** cora**ção** |
| **-ice** | **a** velh**ice**, **a** tol**ice** | |

Lernen Sie die Substantive gleich mit dem Artikel dazu. Das spart Ihnen später viel Mühe!

## Das Geschlecht bei Wortgruppen

Verschiedene Substantive bilden nach ihrer Bedeutung Wortgruppen, die ein bestimmtes Geschlecht haben. Dabei spielt die Wortendung keine Rolle.

Männlich sind:

| | |
|---|---|
| Himmelsrichtungen | **o** Sul, **o** Norte, |
| Meere, Flüsse | **o** Atlântico, **o** Pacífico, **o** Douro |
| Sprachen | **o** português, **o** alemão, **o** inglês |
| Zahlen, Buchstaben | **o** quatro, **o** c |
| Farben | **o** preto, **o** branco, **o** verde |

Weiblich sind:

| | |
|---|---|
| Obstbäume | **a** laranjeira, **a** amendoeira, **a** figueira<br>*aber:* **o** limoeiro |
| Früchte | **a** laranja, **a** amêndoa<br>*aber:* **o** figo |
| Wissenschaften | **a** medicina, **a** biologia, **a** física<br>*aber:* **o** direito |

## Die Bildung der weiblichen Form

Bei vielen Substantiven kann die weibliche von der männlichen Form gebildet werden:

| Endung männlich | männlich | weiblich | Regel |
|---|---|---|---|
| **-o** | **o** amig**o** | **a** amig**a** | **-o** → **-a** |
| Konsonant in betonter Silbe | **o** senho**r**<br>**o** deu**s**<br>**o** espanho**l** | **a** senhor**a**<br>**a** deus**a**<br>**a** espanhol**a** | **+ -a** |
| **-ês** | **o** portugu**ês** | **a** portugu**esa** | **-ês** → **-esa** |
| **-ão** | **o** alem**ão** | **a** alem**ã** | **-o** entfällt |

Bei einigen Substantiven entspricht die weibliche Form der männlichen, man erkennt sie nur am Artikel:

| Endung | männlich | weiblich |
|---|---|---|
| **-ista** | **o** art**ista**<br>**o** dent**ista** | **a** art**ista**<br>**a** dent**ista** |
| **-ente** | **o** do**ente** | **a** do**ente** |
| **-ante** | **o** estud**ante** | **a** estud**ante** |
| andere | **o** colega<br>**o** intérprete | **a** colega<br>**a** intérprete |

Bei vielen Substantiven (Personen, Tieren, Verwandtschaft) sind die männliche und weibliche Form verschieden:

| | | | |
|---|---|---|---|
| o **homem** | *der Mann* | a **mulher** | *die Frau* |
| o **cavalo** | *das Pferd* | a **égua** | *die Stute* |
| o **pai** | *der Vater* | a **mãe** | *die Mutter* |
| o **padrinho** | *der Pate* | a **madrinha** | *die Patin* |

! Es gibt Substantive mit einer männlichen und einer weiblichen Form auf **-o** und **-a**, die aber unterschiedliche Bedeutung haben:

| | | | |
|---|---|---|---|
| **o** fad**o** | *das Schicksal* | **a** fad**a** | *die Fee* |
| **o** banh**o** | *das Bad* | **a** banh**a** | *das Tierfett* |
| **o** cigarr**o** | *die Zigarette* | **a** cigarr**a** | *die Zikade* |
| **o** piment**o** | *die Paprika* | **a** piment**a** | *der Pfeffer* |

## Die Pluralbildung

! Der Plural des Substantivs wird allgemein durch Anhängen eines **-s** gebildet. Alle Substantive in der Pluralform enden also auf **-s**!

| Singular | Plural |
|---|---|
| o mercado<br>a praça | os mercado**s**<br>as praça**s** |
| o pai | os pai**s** |
| o céu | os céu**s** |

Endet das Substantiv auf betontes **-r**, **-s** oder **-z,** so wird **-es** angehängt:

| Singular | Plural |
|---|---|
| a co**r** | as cor**es** |
| o paí**s** | os país**es** |
| o rapa**z** | os rapaz**es** |

Die meisten Substantive auf **-ão** bilden den Plural auf **-ões**, ein paar wenige auch auf **-ãos** oder **-ães:**

| Singular | Plural |
|---|---|
| o avi**ão**<br>o coraç**ão** | os avi**ões**<br>os coraç**ões** |
| o irm**ão** | os irm**ãos** |
| o p**ão** | os p**ães** |

Andere Pluralbildungen:

| Endung | Singular | Plural | Regel |
|---|---|---|---|
| **-ês** | o portugu**ês** | os portugu**eses** | **-ês** → **-eses** |
| **-al** | o jorn**al** | os jorn**ais** | **-al** → **-ais** |
| **-el** *(betont)* | o hot**el** | os hot**éis** | **-el** → **-éis** |

| Endung | Singular | Plural | Regel |
|---|---|---|---|
| **-el** *(unbetont)* | o automó**vel** | os automó**veis** | **-el** → **-eis** |
| **-il** *(betont)* | o can**il** | os can**is** | **-il** → **-is** |
| **-il** *(unbetont)* | o rép**til** | os ré**pteis** | **-il** → **-eis** |
| **-ol** | o s**ol** | os s**óis** | **-ol** → **-óis** |
| **-ul** | o pa**ul** | os pa**uis** | **-ul** → **-uis** |
| **-m** | o fi**m** | os fi**ns** | **-m** → **-ns** |
| **-s** *(unbetont)* | o atla**s** | os atla**s** | unverändert |

▶ auch Kapitel 4 Das Adjektiv, Seite 24.

# Die Wortbildung im Portugiesischen

## Zusammengesetzte Wörter

Anders als im Deutschen findet man in der portugiesischen Sprache sehr selten überlange Wörter. Der Grund dafür ist, dass zusammengesetzte Wörter im Portugiesischen generell mit Hilfe der Präposition **de** (unverschmolzen oder mit dem Artikel verschmolzen) gebildet werden:

| | |
|---|---|
| a sopa **de** tomate | *die Tomatensuppe* |
| a previsão **do** tempo | *die Wettervorhersage* |

## Verkleinerungs- und Vergrößerungsformen

Im Portugiesischen werden Verkleinerungen und Vergrößerungen sehr gerne gebraucht.
Das Besondere dabei ist, dass man nicht nur Substantive, sondern auch Adjektive und Adverbien mit den Verkleinerungs- bzw. Vergrößerungssuffixen versehen kann!

### Verkleinerungen

drücken nicht nur Kleinheit, sondern auch Zärtlichkeit, Sympathie, sogar Mitleid aus!

Die meistgebrauchten Verkleinerungsformen:

| | | | |
|---|---|---|---|
| **-inho (-a)** | a mesa<br>o gato | a mes**inha**<br>o gat**inho** | *das Tischchen*<br>*das Kätzchen* |
| **-zinho (-a)** | a mãe<br>o café | a mãe**zinha**<br>o café**zinho** | *die Mutti*<br>*das Kaffeechen* |

### Vergrößerungen

drücken nicht nur Größe, sondern oft Abwertung aus!

Die meistgebrauchten Vergrößerungsformen:

| | | | |
|---|---|---|---|
| **-ão (-ona)** | o gato<br>o valente<br>a solteira | o gat**ão**<br>o valent**ão**<br>a solteir**ona** | *die große Katze*<br>*Kraftmeier!*<br>*die alte Jungfer!* |
| **-rão (-ona)** | a casa | o casa**rão** | *das Riesenhaus* |

## Nominativ, Akkusativ, Dativ, Genitiv

Das Portugiesische kennt im Gegensatz zum Deutschen keine Deklination des Substantivs. Die vier Fälle spiegeln sich also in der Form der Substantive nicht wider. Die deutschen Fälle werden durch:

- die Stellung des Substantivs im Satz oder
- die Präpositionen **a** beim Dativ und **de** beim Genitiv

gekennzeichnet:

| | | |
|---|---|---|
| Nominativ<br>*Wer? Was?* | **O criado** traz a conta.<br>*Der Ober bringt die Rechnung.* | Subjekt<br>vor dem Verb |
| Akkusativ<br>*Wen? Was?* | O criado traz **a conta.**<br>*Der Ober bringt die Rechnung.* | Objekt<br>nach dem Verb |
| Dativ<br>*Wem?* | Dei a carta **ao jornalista.**<br>*Ich gab den Brief dem Journalisten.* | Präposition **a**<br>vor dem Objekt |
| Genitiv<br>*Wessen?* | Esta é a casa **da minha mãe.**<br>*Das ist das Haus meiner Mutter.* | Präposition **de**<br>vor dem Objekt |

▶ Kapitel 2 Der Artikel, Verschmelzung mit Präpositionen, Seite 16.

# 4 O adjectivo – Das Adjektiv

## Geschlecht und Pluralbildung

### Das Geschlecht

Die Adjektive haben wie die Substantive nur zwei Geschlechter: männlich und weiblich. Die weibliche Form der Adjektive wird im Wesentlichen so gebildet wie die der Substantive:

| Endung männlich | männlich | weiblich | Regel |
|---|---|---|---|
| **-o** | bonit**o**<br>pequen**o** | bonit**a**<br>pequen**a** | **-o** → **-a** |
| **-or**<br>**-ol**<br>**-uz**<br>**-u** nach Konsonant | encantad**or**<br>espanh**ol**<br>andal**uz**<br>**nu** | encantador**a**<br>espanhol**a**<br>andaluz**a**<br>nu**a** | + **-a** |
| **-ês** | portugu**ês** | portugu**esa** | **-ês** → **-esa** |
| **-ão** | alem**ão** | alem**ã** | **-o** entfällt |
| **-eu** | europ**eu** | europ**eia** | **-eu** → **-eia** |

Sonderfälle:

| männlich | weiblich |
|---|---|
| **bom** | **boa** |
| **mau** | **má** |

Einige Adjektive haben nur eine Form für männlich und weiblich:

| Endung | männlich | weiblich |
|---|---|---|
| **-e** | grand**e**<br>verd**e** | grand**e**<br>verd**e** |
| Konsonant<br>(außer -or, -ol, -ês, -uz) | simple**s**<br>feli**z**<br>rui**m** | simple**s**<br>feli**z**<br>rui**m** |

## Die Pluralbildung

Das Adjektiv bildet den Plural wie das Substantiv. Der Plural des Adjektivs wird also allgemein durch Anhängen eines **-s** gebildet, sodass alle Adjektive in der Pluralform auf **-s** enden.

| Singular | Plural |
|---|---|
| simpático<br>bonita | simpático**s**<br>bonita**s** |
| interessante | interessante**s** |
| europeu | europeu**s** |
| alemã<br>cristão | alemã**s**<br>cristão**s** |

Endet das Adjektiv auf betontes **-r** oder **-z**, so wird **-es** angehängt:

| Singular | Plural |
|---|---|
| encantado**r** | encantado**res** |
| feli**z** | feli**zes** |

Viele Adjektive auf **-ão** bilden den Plural auf **-ões**. Dazu gehören alle Adjektive in der Vergrößerungsform. Ein paar wenige der Adjektive auf **-ão** bilden den Plural auch nur durch Anhängen eines **-s** oder auf **-ães**:

| Singular | Plural |
|---|---|
| grand**ão** | grand**ões** |
| crist**ão** | cristão**s** |
| alem**ão** | alem**ães** |

Andere Pluralbildungen:

| Endung | Singular | Plural | Regel |
|---|---|---|---|
| **-ês** | portugu**ês** | portugu**eses** | **-ês** → **-eses** |
| **-al** | natur**al** | natur**ais** | **-al** → **-ais** |
| **-el** *(betont)* | fi**el** | fi**éis** | **-el** → **-éis** |
| **-el** *(unbetont)* | agradáv**el** | agradáv**eis** | **-el** → **-eis** |
| **-il** *(betont)* | gent**il** | gent**is** | **-il** → **-is** |
| **-il** *(unbetont)* | difíc**il** | difíc**eis** | **-il** → **-eis** |
| **-ol** | espanh**ol** | espanh**óis** | **-ol** → **-óis** |
| **-ul** | az**ul** | az**uis** | **-ul** → **-uis** |
| **-m** | bo**m** | bo**ns** | **-m** → **-ns** |
| **-s** *(unbetont)* | simple**s** | simple**s** | unverändert |

▶ Kapitel 3 Das Substantiv, Seite 20.

# Die Übereinstimmung von Substantiv und Adjektiv

Das Adjektiv richtet sich in Zahl und Geschlecht nach dem Substantiv.

⇨⇦ Im Gegensatz zum Deutschen wird nicht nur das attributiv, sondern auch das prädikativ gebrauchte Adjektiv dem Substantiv angepasst.

| | | männlich | weiblich |
|---|---|---|---|
| Sing. | attributiv<br>prädikativ | o jardim **bonito**<br>o jardim é **bonito** | a casa **antiga**<br>a casa é **antiga** |
| Plural | attributiv<br>prädikativ | os jardins **bonitos**<br>os jardins são **bonitos** | as casas **antigas**<br>as casas são **antigas** |

! Wenn sich das Adjektiv auf mehrere Substantive verschiedenen Geschlechts bezieht, gibt es zwei Möglichkeiten:

1. Steht das Adjektiv nach den Substantiven, was eher die Regel ist, nimmt es die männliche Form des Plurals an:

   O hotel e a praia eram **esplêndidos**! *Das Hotel und der Strand waren herrlich!*

2. Steht das Adjektiv vor den Substantiven, passt es sich dem ersten Substantiv an:

   **Simpática** senhora e senhor! *Nette Dame und netter Herr!*

# Die Stellung des Adjektivs

## Nachstellung

⇨⇦ Im Gegensatz zum Deutschen steht das Adjektiv im Portugiesischen in der Regel nach dem Substantiv. Es handelt sich dann meistens um eine objektive Feststellung.

um artista **português** *ein portugiesischer Künstler*
uma cerveja **fresca** *ein frisches Bier*
o céu **azul** *der blaue Himmel*

## Voranstellung

### Subjektiv bewertende Adjektive

Dem Substantiv vorangestellt werden Adjektive, die eine subjektive Bewertung haben, wie z. B. als Ausdruck der Freude, Traurigkeit oder Gefühle allgemein:

O meu **querido** cãozinho! *Mein liebes Hündchen!*
**Excelente** tempo! *Ausgezeichnetes Wetter!*

### Ordnungszahlen und último, meio, muito und pouco

Ordnungszahlen und die Adjektive **último, meio, muito** und **pouco** werden dem Substantiv immer vorangestellt:

| | |
|---|---|
| o **primeiro** dia | *der erste Tag* |
| **meio** litro de vinho | *ein halber Liter Wein* |

## Nach- und Voranstellung

Bei vielen Adjektiven ändert sich die Bedeutung je nachdem, ob sie vor oder nach dem Substantiv stehen:

| | |
|---|---|
| um **velho** amigo | *ein alter (langjähriger) Freund* |
| um amigo **velho** | *ein alter (betagter) Freund* |
| uma **pobre** mulher | *eine arme (leidgeprüfte) Frau* |
| uma mulher **pobre** | *eine arme (mittellose) Frau* |

# Vergleich und Steigerung des Adjektivs

Im Portugiesischen ist die Steigerung sehr einfach!

## Der Komparativ

| | |
|---|---|
| **mais ... (do) que** | Os figos são **mais caros (do) que** as maçãs.<br>*Die Feigen sind teurer als die Äpfel.* |
| **tão ... como** | Os figos são **tão caros como** as cerejas.<br>*Die Feigen sind so teuer wie die Kirschen.* |
| **menos ... (do) que** | Os figos são **menos caros (do) que** as uvas.<br>*Die Feigen sind weniger teuer / billiger als die Trauben.* |

Bei den Komparativen der Überlegenheit und der Unterlegenheit kann man sowohl **do que** als auch **que** verwenden:

| | |
|---|---|
| Julho é **mais** quente **do que** Junho.<br>Julho é **mais** quente **que** Junho. | *Juli ist wärmer als Juni.* |
| Porto tem **menos** habitantes **do que** Lisboa.<br>Porto tem **menos** habitantes **que** Lisboa. | *Porto hat weniger Einwohner als Lissabon.* |

! Vor einem Verb muss man die Form **do que** verwenden:

Gosto **mais** de passear **do que** ler. — *Mir gefällt es besser, spazieren zu gehen als zu lesen.*

Stehen Zahlwörter nach **mais** oder **menos** ohne wirklichen Vergleich, verwendet man **de** statt **(do) que**:

| | |
|---|---|
| **mais de** oito horas | *mehr als acht Stunden* |
| **menos de** cinco quilos | *weniger als fünf Kilo* |

## Der relative Superlativ

| | |
|---|---|
| **o/a mais ...** | Este hotel é **o mais moderno.**<br>*Dieses Hotel ist am modernsten.* |
| **os/as mais ...** | **As** cerejas **mais saborosas** são estas.<br>*Die leckersten Kirschen sind diese.* |
| **o/a menos ...** | Esta praia é **a menos frequentada.**<br>*Dieser Strand ist am wenigsten besucht.* |
| **os/as menos ...** | Estes vinhos são **os menos conhecidos.**<br>*Diese Weine sind am wenigsten bekannt.* |

Steht der Artikel schon vor dem Substantiv, wird er nicht wiederholt.

Qual é **o** vinho **mais conhecido** de Portugal? — *Welcher ist der bekannteste Wein Portugals?*

**Os** animais **mais inteligentes** são os golfinhos. — *Die intelligentesten Tiere sind die Delfine.*

## Der absolute Superlativ

Im Deutschen gibt es diese Art von Superlativ nicht. Er bezeichnet eine so genannte absolute Spitze, er ist wie die große Verstärkung eines Adjektivs. Dieser Superlativ wird durch Anfügen von Endungen gebildet. Die gebräuchlichste Endung ist **-íssimo**:

| Positiv | Absoluter Superlativ |
|---|---|
| lindo | Uma paisagem lind**íssima**!<br>*Eine äußerst schöne Landschaft!* |
| caro | O bacalhau é car**íssimo.**<br>*Der Stockfisch ist äußerst teuer.* |

## Sonderfälle der Steigerung

| Positiv | Komparativ | Superlativ | |
|---|---|---|---|
| | | relativ | absolut |
| **bom**<br>*gut* | **melhor** | **o melhor** | **ó(p)timo** |
| **mau**<br>*schlecht* | **pior** | **o pior** | **péssimo** |
| **grande**<br>*groß* | **maior** | **o maior** | **máximo**<br>**grandíssimo** |
| **pequeno**<br>*klein* | **menor**<br>**mais pequeno** | **o menor**<br>**o mais pequeno** | **mínimo**<br>**pequeníssimo** |

Für die Komparativform von **pequeno** wird in Portugal eher **mais pequeno**, in Brasilien **menor** gebraucht.

Auch bei der Steigerung richtet sich das Adjektiv in Zahl und Geschlecht nach dem dazugehörigen Substantiv!

# 5 O advérbio – Das Adverb

Adverbien können Verben, Adjektive und andere Adverbien näher bestimmen. Im Gegensatz zu den Adjektiven sind sie unveränderlich.

## Die Formen des Adverbs

### Ursprüngliche Adverbien

Adverbien, die nicht von einem Adjektiv abgeleitet werden, nennt man ursprüngliche Adverbien:

| | |
|---|---|
| A minha casa é **aqui**. | *Mein Haus ist hier.* |
| A festa começa **agora**. | *Die Party beginnt jetzt.* |
| Nós chegámos **tarde**. | *Wir sind spät angekommen.* |
| Ele come **pouco**. | *Er isst wenig.* |
| Por favor, fale **devagar**! | *Bitte sprechen Sie langsam!* |

### Sonderfälle

| Adjektiv | | Adverb |
|---|---|---|
| männlich | weiblich | |
| bom | boa | **bem** |
| mau / ruim | má / ruim | **mal** |

### Abgeleitete Adverbien

Adverbien, die von einem Adjektiv abgeleitet werden, nennt man folgerichtig abgeleitete Adverbien. Sie werden durch Anhängen der Endung **-mente** an die weibliche Form des Adjektivs gebildet. Dies ist bei den meisten Adverbien der Fall.

! Bei diesen Adverbien verlagert sich die Betonung auf die erste Silbe des Suffixes **-mente** und die Akzente entfallen (außer Tilde auf **-ã-**):

| | | |
|---|---|---|
| **ób**vio / **ób**via | → | obvia**men**te |
| **rá**pido / **rá**pida | → | rapida**men**te |
| cristão / cris**tã** | → | cristã**men**te |

► Kapitel 1 Akzente, Seite 13.

1. Bei Adjektiven mit Endung **-o** für männlich und **-a** für weiblich wird die Endung **-mente** an die weibliche Form des Adjektivs angehängt:

| Adjektiv | | Adverb |
|---|---|---|
| männlich | weiblich | |
| certo<br>claro<br>sério | cert**a**<br>clar**a**<br>séri**a** | cert**amente**<br>clar**amente**<br>seri**amente** |

2. Bei Adjektiven mit nur einer Form für männlich und weiblich wird die Endung **-mente** an diese Form im Singular angehängt:

| Adjektiv | | Adverb |
|---|---|---|
| männlich | weiblich | |
| pobre<br>feliz<br>fácil | pobre<br>feliz<br>fácil | pobre**mente**<br>feliz**mente**<br>facil**mente** |

3. Bei Adjektiven mit Endung **-ês** für männlich wird die Endung **-mente** an die männliche Form des Adjektivs angehängt. Dies ist nur bei einer sehr kleinen Gruppe der Fall.

| Adjektiv | | Adverb |
|---|---|---|
| männlich | weiblich | |
| português<br>cortês | portuguesa<br>cortesa | portugues**mente**<br>cortes**mente** |

4. Bei einem Satz mit zwei oder mehr aufeinander folgenden Adverbien hat nur das letzte die Endung **-mente**:

| | |
|---|---|
| Ele viajou **cómoda e rapidamente.** | *Er reiste bequem und schnell.* |
| Dormi **longa e profundamente.** | *Ich schlief lang und tief.* |

## Das Adjektiv als Adverb

In einigen Fällen wird die männliche Singularform des Adjektivs als Adverb verwendet:

| | |
|---|---|
| falar/ler **alto**<br>falar/ler **baixo** | *laut sprechen/lesen*<br>*leise sprechen/lesen* |
| comprar/vender **caro**<br>comprar/vender **barato** | *teuer kaufen/verkaufen*<br>*billig kaufen/verkaufen* |

| | |
|---|---|
| Fala **alto**, por favor! | *Sprich bitte laut!* |
| Esta perfumaria vende tudo **caro**. | *Diese Parfümerie verkauft alles teuer.* |

## Adverbiale Wendungen

Im Portugiesischen können viele deutsche Adverbien durch adverbiale Wendungen ausgedrückt werden. Eine adverbiale Wendung besteht aus einer Präposition und einem Adjektiv oder Substantiv. Hier einige Beispiele:

| | | | |
|---|---|---|---|
| **em vão** | *vergeblich* | **muitas vezes** | *oft* |
| **por acaso** | *zufällig* | **ao pé** | *in der Nähe* |
| **de cor** | *auswendig* | **de todo** | *völlig* |
| **à vontade** | *nach Belieben* | **pelo menos** | *mindestens* |
| **de repente** | *plötzlich* | **sem dúvida** | *zweifellos* |
| **por enquanto** | *vorläufig* | **nem mesmo** | *nicht einmal* |

# Die Bedeutung des Adverbs

Ursprüngliche und abgeleitete Adverbien (einschließlich adverbialer Wendungen) können nach ihrer inhaltlichen Bedeutung in verschiedene Gruppen eingeteilt werden. Folgende Übersichten beinhalten einige gängige Beispiele:

## Art und Weise

Zu dieser Gruppe gehören großteils abgeleitete Adverbien, aber auch einige ursprüngliche Adverbien.

| | | | |
|---|---|---|---|
| **bem** | *gut* | **mal** | *schlecht* |
| **depressa** | *schnell* | **devagar** | *langsam* |
| **aliás** | *übrigens* | **assim** | *so* |
| **até** | *sogar* | **em geral** | *generell* |
| **claramente** | *klar, hell* | **infelizmente** | *leider* |
| **dire(c)tamente** | *direkt* | **agradavelmente** | *angenehm* |

## Zeit

| | | | |
|---|---|---|---|
| **hoje** | *heute* | **amanhã** | *morgen* |
| **ontem** | *gestern* | **agora** | *jetzt* |
| **cedo** | *früh* | **tarde** | *spät* |
| **ainda** | *noch* | **às vezes** | *manchmal* |
| **antigamente** | *ehemals, früher* | **ultimamente** | *in letzter Zeit* |

## Ort

| | | | |
|---|---|---|---|
| **aqui** | *hier* | **ali** | *dort* |
| **perto** | *nah* | **longe** | *weit* |
| **dentro** | *innerhalb* | **fora** | *außerhalb* |
| **para trás** | *rückwärts* | **em frente** | *gegenüber* |

## Menge

| | | | |
|---|---|---|---|
| **muito** | *sehr, viel* | **pouco** | *wenig* |
| **mais** | *mehr* | **menos** | *weniger* |
| **bastante** | *ziemlich* | **apenas** | *nur* |
| **ao todo** | *insgesamt* | **pelo menos** | *mindestens* |
| **somente** | *nur* | **suficientemente** | *ausreichend* |

## Bejahung

| | | | |
|---|---|---|---|
| **sim** | *ja* | **também** | *auch* |
| **decerto** | *gewiss* | **realmente** | *wirklich* |
| **pois** | *eben, klar* | **possivelmente** | *möglicherweise* |

## Verneinung

| | | | |
|---|---|---|---|
| **não** | *nein* | **nunca** | *niemals* |
| **nunca mais** | *nie wieder* | **nem** | *nicht einmal* |
| **nem tudo** | *nicht alles* | **de modo algum** | *keineswegs* |

# Vergleich und Steigerung des Adverbs

Viele Adverbien der Art und Weise und einige der Zeit, des Ortes und der Menge können gesteigert werden.
Vergleich und Steigerung erfolgen wie bei den Adjektiven.

| | |
|---|---|
| Positiv | Ela acorda **cedo.**<br>*Sie wacht früh auf.* |
| Komparativ | Ela acorda **mais cedo do que** eu.<br>*Sie wacht früher auf als ich.* |
| | Ela acorda **tão cedo como** tu.<br>*Sie wacht so früh auf wie du.* |
| | Ela acorda **menos cedo do que** o galo.<br>*Sie wacht weniger früh / später auf als der Hahn.* |
| relativer Superlativ | Ela acorda **o mais cedo** que pode.<br>*Sie wacht so früh auf, wie sie nur kann.* |
| absoluter Superlativ | Ela acorda **cedíssimo**!<br>*Sie wacht sehr, sehr früh auf!* |

## Sonderfälle

| | | |
|---|---|---|
| Positiv | **bem** | **mal** |
| Komparativ | **melhor** | **pior** |
| relativer Superlativ | **o melhor** | **o pior** |
| absoluter Superlativ | **o(p)timamente** | **pessimamente** |

O meu amigo fala **o(p)timamente** português. — *Mein Freund spricht sehr, sehr gut Portugiesisch.*
Ele escreve **melhor** do que ela. — *Er schreibt besser als sie.*

▶ Kapitel 4 Vergleich und Steigerung des Adjektivs, Seite 26.

# 6 Os numerais e indicação de tempo – Zahlen und Zeitangaben

## Die Grundzahlen

| | |
|---|---|
| 0 | zero |
| 1 | um, uma |
| 2 | dois, duas |
| 3 | três |
| 4 | quatro |
| 5 | cinco |
| 6 | seis |
| 7 | sete |
| 8 | oito |
| 9 | nove |
| 10 | dez |
| 11 | onze |
| 12 | doze |
| 13 | treze |
| 14 | catorze |
| 15 | quinze |
| 16 | dezasseis |
| 17 | dezassete |
| 18 | dezoito |
| 19 | dezanove |
| 20 | vinte |
| 21 | vinte e um/uma |
| 22 | vinte e dois/duas |
| 23 | vinte e três |
| 24 | vinte e quatro |
| 25 | vinte e cinco |
| 26 | vinte e seis |
| 27 | vinte e sete |
| 28 | vinte e oito |
| 29 | vinte e nove |
| 30 | trinta |
| 31 | trinta e um/uma |
| 32 | trinta e dois/duas |
| 33 | trinta e três |

| | |
|---|---|
| 40 | quarenta |
| 50 | cinquenta |
| 60 | sessenta |
| 70 | setenta |
| 80 | oitenta |
| 90 | noventa |
| 100 | cem |
| 101 | cento e um/uma |
| 102 | cento e dois/duas |
| 103 | cento e três |
| 110 | cento e dez |
| 145 | cento e quarenta e cinco |
| 200 | duzentos, -as |
| 201 | duzentos, -as e um/uma |
| 202 | duzentos/-as e dois/duas |
| 215 | duzentos/-as e quinze |
| 300 | trezentos, -as |
| 400 | quatrocentos, -as |
| 500 | quinhentos, -as |
| 600 | seiscentos, -as |
| 700 | setecentos, -as |
| 800 | oitocentos, -as |
| 900 | novecentos, -as |
| 1000 | mil |
| 1001 | mil e uma/uma |
| 1913 | mil novecentos e treze |
| 2000 | dois mil |
| 2004 | dois mil e quatro |
| 10 000 | dez mil |
| 100 000 | cem mil |
| 1 000 000 | um milhão |
| 2 000 000 | dois milhões |
| 1 000 000 000 | um bilião |
| 2 000 000 000 | dois biliões |

1. Zahlen sind grundsätzlich männlich: **o** zero, **o** quatro. Man zählt auch in der männlichen Form: **um, dois, três** ...

2. Die Zahlen 1 und 2 sowie die Hunderter von 200 bis 900 haben eine männliche und eine weibliche Form:

| | |
|---|---|
| **um** senhor | **uma** senhora |
| **dois** amigos | **duas** amigas |
| quinhent**os** livros | duzent**as** e cinco praias |

Bei der Angabe von Telefonnummern sagt man in Brasilien für die Zahl 6 **meia** statt **seis**.

3. Die Endung **-a** der Zehnerzahlen ist nicht weiblich, sondern unveränderlich:

   **trinta** quilos, **noventa** pessoas

4. Nur die reine Zahl 100 heißt **cem**:

   **cem** casas, **cem** mil,
   *aber:* **cento** e cinquenta carros

5. **Mil** ist unveränderlich: cinco **mil**

6. Zu Zahlen wie beispielsweise 1999 (meistens Jahreszahlen) kann nur **mil novecentos e noventa e nove** gesagt werden. Eine entsprechende Form zu *neunzehnhundert...* wie im Deutschen gibt es nicht.

## Die Ordnungszahlen

| | | | |
|---|---|---|---|
| 1.º | primeiro/-a | 17.º | décimo/-a sétimo/-a |
| 2.º | segundo/-a | 18.º | décimo/-a oitavo/-a |
| 3.º | terceiro/-a | 19.º | décimo/-a nono/-a |
| 4.º | quarto/-a | 20.º | vigésimo/-a |
| 5.º | quinto/-a | 21.º | vigésimo/-a primeiro/-a |
| 6.º | sexto/-a | 22.º | vigésimo/-a segundo/-a |
| 7.º | sétimo/-a | 23.º | vigésimo/-a terceiro/-a |
| 8.º | oitavo/-a | 30.º | trigésimo/-a |
| 9.º | nono/-a | 40.º | quadragésimo/-a |
| 10.º | décimo/-a | 50.º | quinquagésimo/-a |
| 11.º | décimo/-a primeiro/-a | 60.º | sexagésimo/-a |
| 12.º | décimo/-a segundo/-a | 70.º | septuagésimo/-a |
| 13.º | décimo/-a terceiro/-a | 80.º | octogésimo/-a |
| 14.º | décimo/-a quarto/-a | 90.º | nonagésimo/-a |
| 15.º | décimo/-a quinto/-a | 100.º | centésimo/-a |
| 16.º | décimo/-a sexto/-a | 1000.º | milésimo/-a |

1. Ordnungszahlen richten sich wie das Adjektiv in Zahl und Geschlecht nach dem Substantiv:

| | |
|---|---|
| **o** primeir**o** ano | *das erste Jahr* |
| **a** segund**a** classe | *die zweite Klasse* |

2. Die Ordnungszahlen in arabischen Ziffern werden nicht wie im Deutschen nur mit einem Punkt geschrieben, sondern mit Punkt und je nach Geschlecht einem kleinen hochgestellten º oder ª (das die Endung der Zahl – als Adjektiv – darstellen soll):

| | |
|---|---|
| Moro **no 1.º** andar. | *Ich wohne im 1. Stock.* |
| **a 2.ª** casa à esquerda | *das 2. Haus von links* |

3. Generell werden im Portugiesischen Ordnungszahlen nicht so häufig gebraucht wie im Deutschen. So verwendet man beispielsweise keine Ordnungszahl:

bei Datumsangaben:

| | |
|---|---|
| o **25** de Abril | *der 25. April* |

bei Ausdrücken mit *jede/jedes/jeder* und Zahl:

| | |
|---|---|
| de **dois em dois** anos | *jedes zweite Jahr* |

## Die Datumsangabe

Ordnungszahlen sind, wie Sie bestimmt schon gemerkt haben, nicht gerade einfach! Um so angenehmer, dass das Datum nicht mit Ordnungszahlen, sondern mit Grundzahlen angegeben wird. Wenn im Deutschen eine Präposition verwendet wird, werden im Portugiesischen die Präpositionen **a** oder **em** gebraucht.

| | |
|---|---|
| Hoje é o **trinta** de Abril. | *Heute ist der 30. April.* |
| Vou de férias **a cinco** de Agosto. | *Ich fahre am 5. August in Urlaub.* |
| O casamento é **em doze** de Junho. | *Die Hochzeit ist am 12. Juni.* |

*aber:*
Für den ersten Tag des Monats kann man auch die Ordnungszahl verwenden:

| | |
|---|---|
| o **primeiro** de Janeiro | *der 1. Januar* |
| a festa do **primeiro** de Maio | *das 1. Mai-Fest* |

## Die Zeitangabe

Um die Zeitangabe im Portugiesischen zu verstehen, muss man wissen, dass die deutschen Begriffe *Stunde* und *Uhr* nur eine Übersetzung haben, nämlich **a hora**. Dieses Substantiv ist weiblich und bildet den Plural wie üblich auf **as horas**.

## Die Zeitangabe in der Umgangssprache

| | |
|---|---|
| 01:00/13:00 | É uma (hora). |
| 02:00/14:00 | São duas (horas). |
| 03:00/15:00 | São três (horas). |
| 03:05/15:05 | São três (horas) **e cinco** |
| 03:15/15:15 | São três (horas) **e um quarto.** |
| 03:25/15:25 | São três (horas) **e vinte e cinco.** |
| 03:30/15:30 | São três (horas) **e meia.** |
| 03:40/15:40 | São quatro (horas) **menos vinte.** |
| 03:45/15:45 | São quatro (horas) **menos um quarto.** |
| 12:00 | É **meio-dia.** |
| 12:30 | É **meio-dia e meia.** |
| 24:00 | É **meia-noite.** |

Wenn es nicht zu ersehen ist, ob es sich um eine Uhrzeit am Vormittag oder am Abend handelt, fügt man **da manhã** *(morgens)* oder **da tarde/da noite** *(nachmittags/abends)* hinzu:

O curso é às **sete da manhã**. — *Der Kurs findet um sieben Uhr morgens statt.*

O avião chega às **seis da tarde**. — *Die Maschine kommt um sechs Uhr abends an.*

## Die offizielle Zeitangabe

Im Radio, Fernsehen, an Flughäfen etc. hört man normalerweise die offizielle Zeitangabe. Hier werden die Minuten immer zu der vollen Stunde hinzugezählt. Die Begriffe *Viertel* und *halb* werden ebenfalls mit Grundzahlen angegeben.

| | |
|---|---|
| 01:00 | É uma hora. |
| 02:10 | São duas horas e **dez.** |
| 12:00 | São **doze** horas. |
| 12:25 | São **doze** horas e **vinte e cinco** minutos. |
| 15:15 | São **quinze** horas e **quinze** minutos. |
| 18:30 | São **dezoito** horas e **trinta** minutos. |
| 20:45 | São **vinte** horas e **quarenta e cinco** minutos. |
| 22:50 | São **vinte e duas** horas e **cinquenta** minutos. |
| 24:00 | São **vinte e quatro** horas. |

# 7 Os pronomes – Die Pronomen

## Die Personalpronomen

Die Personalpronomen sind nicht gerade einfach. Nicht die Form, sondern die feine Abstufung im Gebrauch und der Unterschied zum Deutschen können manchmal Kopfzerbrechen bereiten.

### Die Personalpronomen als Subjekt

#### Die Formen der Subjektpronomen

| | | | | |
|---|---|---|---|---|
| Singular | 1. Person | **eu** | *ich* | |
| | 2. Person | **tu** | *du* | |
| | | **você** | *Sie* | Anrede |
| | 3. Person | **ele** | *er* | |
| | | **ela** | *sie* | |
| Plural | 1. Person | **nós** | *wir* | |
| | 2. Person | **(vós)** | *ihr* | veraltet |
| | | **vocês** | *ihr* | Ersatz für **vós** |
| | 3. Person | **eles** | *sie* | männlich |
| | | **elas** | *sie* | weiblich |

#### Der Gebrauch der Subjektpronomen

1. Die Form **vós** der 2. Person Plural ist veraltet. Sie wird deshalb in den Verbkapiteln dieser Grammatik nicht aufgeführt. Stattdessen wird die Form **vocês** gebraucht, die im Deutschen mit *ihr* übersetzt wird. Achtung! Die zugehörige Verbform steht in der 3. Person Plural.

   **Vocês** são de Lisboa? — *Seid ihr aus Lissabon?*

   Möchte man mehrere Leute per Sie ansprechen, so verwendet man als Anrede **os senhores** bzw. **as senhoras**. Hier steht die Verbform ebenfalls in der 3. Person Plural.

   **As senhoras** são de Lisboa? — *Sind Sie* (an Damen gerichtet) *aus Lissabon?*

▶ Kapitel 8 Das Verb: Die Zeiten, Seite 53.

2. Die Form **você** dient im europäischen Portugiesisch als informelle, also weniger förmliche Sie-Anrede einer Person. Achtung! Die zugehörige Verbform steht in der 3. Person Singular.

   **Você** trabalha aqui? — *Arbeiten Sie hier?*

Bei einem formellen Umgang verwendet man **o senhor** bzw. **a senhora**, wobei die Verbform ebenfalls in der 3. Person Singular steht.

**O senhor** fez reserva de mesa? *Haben Sie einen Tisch reserviert?*

▶ Kapitel 13 Die brasilianische Variante, Seite 106.

3. Die 3. Person Plural sagt im Deutschen nichts über das Geschlecht der Gruppe aus. Im Portugiesischen unterscheidet man aber zwischen einer männlichen oder gemischten Gruppe (= **eles**) und einer weiblichen Gruppe (= **elas**).

**Elas** gostam de dançar, **eles** não. *Sie* (f. Pl.) *tanzen gern, sie* (m. Pl.) *nicht.*
**Elas** chegaram mais tarde do que **eles**. *Sie* (f. Pl.) *kamen später an als sie* (m. Pl.).

4. Als Subjekt wird das Personalpronomen normalerweise weggelassen, wenn die Person an der Verbform eindeutig zu erkennen ist. Ist dies nicht der Fall, soll das Pronomen aber angegeben werden, um Missverständnisse zu vermeiden.

**Moro** no Porto. *(Ich) wohne in Porto.*
**Vamos** à praia? *Gehen (wir) zum Strand?*
**Ela** comprou o jornal. *Sie kaufte die Zeitung.*
**Ele** comprou uma revista. *Er kaufte eine Zeitschrift.*

## Die Personalpronomen als direktes und indirektes Objekt

### Die Formen der Objektpronomen

| bezogen auf: | | | direktes Objekt | indirektes Objekt |
|---|---|---|---|---|
| Singular | 1. Person | eu | **me** | **me** |
| | 2. Person | tu | **te** | **te** |
| | | você | **o/a** | **lhe** |
| | 3. Person | ele | **o** | **lhe** |
| | | ela | **a** | **lhe** |
| Plural | 1. Person | nós | **nos** | **nos** |
| | 2. Person | (vós) | **(vos)** | **(vos)** |
| | | vocês | **vos** | **vos** |
| | | os/as senhores/-as | **os/as** | **lhes** |
| | 3. Person | eles | **os** | **lhes** |
| | | elas | **as** | **lhes** |

### Der Gebrauch der Objektpronomen

Diese Personalpronomen stehen nur bei Verben, die ein direktes Objekt (Akkusativobjekt) oder ein indirektes Objekt (Dativobjekt) haben. Vor diesen Pronomen darf keine Präposition stehen.

- direktes Objekt:

| | |
|---|---|
| Eu cumprimentei **o Pedro**.<br>Eu cumprimentei-**o**. | *Ich begrüßte Pedro.*<br>*Ich begrüßte ihn.* |
| Ela conhece-**me** bem. | *Sie kennt mich gut.* |
| Tu convidaste-**os**? | *Hast du sie* (m. Pl.) *eingeladen?* |

- indirektes Objekt:

| | |
|---|---|
| Eu dei um presente **à Joana**.<br>Eu dei-**lhe** um presente. | *Ich gab Joana ein Geschenk.*<br>*Ich gab ihr ein Geschenk.* |
| Ele ofereceu-**me** flores. | *Er schenkte mir Blumen.* |
| Ela contou-**lhes** uma anedota. | *Sie erzählte ihnen einen Witz.* |

## Die Stellung der Objektpronomen

**Nachstellung:**

Im europäischen Portugiesisch stehen die Personalpronomen in der Regel direkt nach dem Verb und werden mit diesem durch einen Bindestrich verbunden.

| | |
|---|---|
| Emprestas-**lhe** a caneta?<br>Parece-**me** que vai chover.<br>Eu escrevi-**te** um postal. | *Leihst du ihm (ihr) den Füller aus?*<br>*Es scheint mir, dass es regnen wird.*<br>*Ich schrieb dir eine Karte.* |

**Voranstellung:**

In folgenden Fällen steht das Pronomen vor dem Verb, der Bindestrich entfällt:

1. in Fragesätzen mit Interrogativpronomen:

| | |
|---|---|
| **Quando te** dei a chave?<br>**Como nos** viu? | *Wann gab ich dir den Schlüssel?*<br>*Wie haben Sie uns gesehen?* |

2. bei verneinter Verbform oder wenn negative Ausdrücke wie **nunca**, **nada**, **ninguém** vorausgehen:

| | |
|---|---|
| **Não a** conheço.<br>O senhor **nunca nos** visita. | *Ich kenne sie nicht.*<br>*Sie besuchen uns nie.* |

3. in Nebensätzen:

| | |
|---|---|
| Era bom **se** ele **me** telefonasse. | *Es wäre gut, wenn er mich anrufen würde.* |
| Creio **que as** conheço. | *Ich glaube, dass ich sie* (f. Pl.) *kenne.* |

4. wenn folgende Adverbien vorausgehen: **bem**, **mal**, **ainda**, **já**, **sempre**, **quase**, **só**, **talvez**, **também** etc.:

| | |
|---|---|
| **Talvez vos** convide para jantar. | *Ich lade euch vielleicht zum Abendessen ein.* |
| Você **já o** conhece? | *Kennen Sie ihn schon?* |

5. wenn Indefinitpronomen wie z. B. **todo/-a**, **todos/-as**, **tudo**, **alguém**, **outro**, **qualquer**, vorausgehen:

| | |
|---|---|
| **Todos me** cumprimentaram. | *Alle begrüßten mich.* |
| **Alguém nos** viu? | *Hat uns jemand gesehen?* |

▶ Kapitel 13 Die brasilianische Variante, Seite 109.

## Die Anpassung der direkten Objektpronomen bei Nachstellung

Nach Verbformen, die auf **-r**, **-s** und **-z** enden, verwandeln sich **o**, **a**, **os**, **as** zu **-lo**, **-la**, **-los**, **-las**, wobei der Schlusskonsonant des Verbs wegfällt. Infinitive auf **-ar** oder **-er** und andere Verbformen auf **-az** oder **-ez** erhalten dann auf dem letzten Vokal einen Akzent.

| Endung | | wird → |
|---|---|---|
| **-r** | + o(s) / + a(s) | **-lo(s) / -la(s)** |
| **-ar** | | **-á-lo(s) / -á-la(s)** |
| **-er** | | **-ê-lo(s) / -ê-la(s)** |
| **-s** | | **-lo(s) / -la(s)** |
| **-z** | | **-lo(s) / -la(s)** |
| **-az** | | **-á-lo(s) / -á-la(s)** |
| **-ez** | | **-ê-lo(s) / -ê-la(s** |

| | |
|---|---|
| Tenho que ab**rir** as janelas<br>Tenho que abri-**las**. | *Ich muss die Fenster öffnen.*<br>*Ich muss sie öffnen.* |
| Vais compr**ar** o bilhete.<br>Vais compr**á-lo**. | *Du wirst die Karte kaufen.*<br>*Du wirst sie kaufen.* |
| Nós abrimo**s** a porta.<br>Nós abrimo-**la**. | *Wir öffneten die Tür.*<br>*Wir öffneten sie.* |
| Ele **fez** os trabalhos de casa.<br>Ele f**ê-los**. | *Er machte die Hausaufgaben.*<br>*Er machte sie.* |

Nach Verbformen, die auf einen Nasallaut enden (**-m**, **-ão**, **-õe**), verwandeln sich **o**, **a**, **os**, **as** zu **-no**, **-na**, **-nos**, **-nas**. Buchstaben entfallen keine.

| Endung | | wird → |
|---|---|---|
| **-am** | + o(s) / + a(s) | -am-**no(s)** / -am-**na(s)** |
| **-em** | | -em-**no(s)** / -em-**na(s)** |
| **-õem** | | -õem-**no(s)** / -õem-**na(s)** |
| **-ão** | | -ão-**no(s)** / -ão-**na(s)** |
| **-õe** | | -õe-**no(s)** / -õe-**na(s)** |

Eles compr**am** o bilhete. — *Sie kaufen die Karte.*
Eles compram-**no**. — *Sie kaufen sie.*

Elas abr**em** as portas. — *Sie öffnen die Türen.*
Elas abrem-**nas**. — *Sie öffnen sie.*

Ele p**õe** o carro na garagem. — *Er stellt das Auto in die Garage.*
Ele põe-**no** na garagem. — *Er stellt es in die Garage.*

## Die Verschmelzung von zwei Objektpronomen

Wenn im Satz zwei Objektpronomen, ein indirektes und ein direktes, vorhanden sind, kommt – anders als im Deutschen – zuerst das indirekte Objekt und dann das direkte Objekt. Dabei werden beide Pronomen kontrahiert:

| indirektes Objekt | direktes Objekt | wird → | direktes Objekt | wird → |
|---|---|---|---|---|
| **me**<br>**te**<br>**lhe** | + o / + a | **mo** / **ma**<br>**to** / **ta**<br>**lho** / **lha** | + os / + as | **mos** / **mas**<br>**tos** / **tas**<br>**lhos** / **lhas** |
| **nos**<br>**vos**<br>**lhes** | | **no-lo** / **no-la**<br>**vo-lo** / **vo-la**<br>**lho** / **lha** | | **no-los** / **no-las**<br>**vo-los** / **vo-las**<br>**lhos** / **lhas** |

Dabei gelten die gleichen Regeln für die Stellung der Personalpronomen wie oben.

Escreve-me a carta. — *Schreib mir den Brief.*
Escreve-**ma**. — *Schreib ihn mir.*

Quando me mandou o postal? — *Wann haben Sie mir die Karte geschickt?*
Quando **mo** mandou? — *Wann haben Sie sie mir geschickt?*

Vendeste-lhe o carro? — *Hast du ihm (ihr) das Auto verkauft?*
Vendeste-**lho**? — *Hast du es ihm verkauft?*

Dá-lhes o livro. — *Gib ihnen das Buch.*
Dá-**lho**. — *Gib es ihnen.*

Es ist wirklich so: Die Verschmelzung von **lhe** + **o(s)**/**a(s)** ist identisch mit **lhes** + **o(s)**/**a(s)**, in beiden Fällen wird daraus **lho**, **lhos**, **lha**, **lhas**. Die Endung wird nämlich von der Form des direkten Objektpronomens bestimmt.

Die kontrahierten Formen der indirekten und direkten Objektpronomen werden in Brasilien nicht verwendet.

Quando você **me** mandou **o** postal? — *Wann hast du mir die Karte geschickt?*
Quando você **o** mandou para **mim**? — *Wann hast du sie an mich geschickt?*

## Die Personalpronomen nach Präpositionen

| bezogen auf: | | | nach Präposition | nach der Präposition **com** |
|---|---|---|---|---|
| Singular | 1. Pers. | eu | **mim** | **comigo** |
| | 2. Pers. | tu | **ti** | **contigo** |
| | | você | **si/você** | **consigo/com você** |
| | 3. Pers. | ele | **ele** | **com ele** |
| | | ela | **ela** | **com ela** |
| Plural | 1. Pers. | nós | **nós** | **con(n)osco** |
| | 2. Pers. | (vós) | **(vós)** | **convosco** |
| | | vocês | **vocês** | **convosco/com vocês** |
| | 3. Pers. | eles | **eles** | **com eles** |
| | | elas | **elas** | **com elas** |

Bei diesen Personalpronomen handelt es sich um betonte und unverbundene Objektformen, die nach Präpositionen stehen:

| | |
|---|---|
| Penso **em ti** todos os dias. | *Ich denke jeden Tag an dich.* |
| Hoje não posso ir **convosco.** | *Heute kann ich nicht mit euch gehen.* |
| Isto é **para vocês.** | *Das ist für euch.* |
| Precisas **de mim**? | *Brauchst du mich?* |
| Vocês esperam **por ele**? | *Wartet ihr auf ihn?* |

Die Form **si** des Pronomens kann zwei Verwendungen haben:

- im rückbezüglichen Sinn:

| | |
|---|---|
| Ela gosta de falar de **si.** | *Sie spricht gern über sich selbst.* |

- in der formellen und informellen Sie-Anrede:

| | |
|---|---|
| Tenho uma informação para **si.** (*oder:* para o senhor, para a senhora, para você) | *Ich habe eine Information für Sie.* |

Das Pronomen **si** wird in Brasilien nicht benutzt.

| | |
|---|---|
| Tenho uma informação para o senhor. | *Ich habe eine Information für Sie.* |

Die Präpositionen **de** und **em** verschmelzen mit den nachfolgenden Personalpronomen **ele/ela**, **eles/elas** zu **dele/dela**, **deles/delas** bzw. **nele/nela**, **neles/nelas.**

| | |
|---|---|
| Ainda ontem falámos **dela.** | *Noch gestern sprachen wir von ihr.* |
| Tu pensas **nele**? | *Denkst du an ihn?* |

# Die Reflexivpronomen

## Die Formen der Reflexivpronomen

Die Reflexivpronomen haben nur eine eigenständige Form: **se**. Die anderen Formen sind identisch mit denen der Objektpronomen.

| bezogen auf: | | | | **lavar-se** *(sich waschen)* |
|---|---|---|---|---|
| Singular | 1. Person<br>2. Person<br><br>3. Person | eu<br>tu<br>você<br>ele<br>ela | **me**<br>**te**<br>**se**<br>**se**<br>**se** | **lavo-me**<br>**lavas-te**<br>**lava-se**<br>**lava-se**<br>**lava-se** |
| Plural | 1. Person<br>2. Person<br><br>3. Person | nós<br>(vós)<br>vocês<br>eles<br>elas | **nos**<br>**(vos)**<br>**se**<br>**se**<br>**se** | **lavamo-nos**<br>**(lavais-vos)**<br>**lavam-se**<br>**lavam-se**<br>**lavam-se** |

! Die Endung **-s** der Verbform der 1. Person Plural aller Verben fällt vor dem Reflexivpronomen **nos** weg. Sie wäre sonst ein richtiger Zungenbrecher! Die Verbform der 2. Person Plural **vós lavais-vos** ist heute veraltet. Sie wird durch **vocês lavam-se** ersetzt. In den Kapiteln 8 und 9 wird diese veraltete Form nicht aufgeführt.

## Die Stellung der Reflexivpronomen

Die Stellung der Reflexivpronomen entspricht derjenigen der Objektpronomen.

| | |
|---|---|
| Ontem deitámo-**nos** muito tarde. | *Gestern sind wir sehr spät ins Bett gegangen.* |
| Levantas-**te** sempre às cinco? | *Stehst du immer um fünf auf?* |
| **Como se** chama? | *Wie heißen Sie?* |
| Ele **não se** lembra de mim. | *Er erinnert sich nicht an mich.* |
| É preciso **que te** levantes cedo. | *Es ist notwendig, dass du früh aufstehst.* |
| Vocês **já se** vestiram? | *Habt ihr euch schon angezogen?* |
| **Ambos se** esqueceram da chave. | *Beide haben den Schlüssel vergessen.* |

▶ Kapitel 7 Die Stellung der Objektpronomen, Seite 39.

⇨⇦ Nicht alle Verben, die im Portugiesischen reflexiv sind, sind es auch im Deutschen. Umgekehrt gilt das Gleiche. Einige Beispiele:

| Nur im Portugiesischen reflexiv: | | Nur im Deutschen reflexiv: | |
|---|---|---|---|
| chamar-**se**<br>levantar-**se**<br>esquecer-**se** | *heißen*<br>*aufstehen*<br>*vergessen* | descansar<br>imaginar | ***sich** ausruhen*<br>***sich** (etw.) vorstellen* |

## Wiedergabe des deutschen Pronomens *man*

Im Portugiesischen gibt es keine direkte Entsprechung für das deutsche Pronomen *man*. Es lässt sich jedoch wie folgt ausdrücken:

- durch ein reflexiv gebildetes Verb mit **se** in der 3. Person Singular oder Plural.

  Steht das direkte Objekt im Singular oder folgt kein Substantiv, wird die 3. Person Singular benutzt:

  **Fala-se** alemão. — *Man spricht Deutsch.*
  Na tua casa **come-se** bem! — *Bei dir zu Hause isst man gut!*

  Steht das direkte Objekt im Plural, wird die 3. Person Plural benutzt:

  Desta janela **vêem-se** os **navios** no porto. — *Von diesem Fenster aus sieht man die Schiffe im Hafen.*
  Na Europa **falam-se** muitas **línguas**. — *In Europa spricht man viele Sprachen.*

- durch die 3. Person Plural eines Verbs ohne Personalpronomen, wobei sich hier der Sprecher von der Aussage eher distanziert. Die benutzten Verben sind in der Regel **dizer** *(sagen)*, **afirmar** *(behaupten)* etc.:

  **Dizem** que vai chover. — *Man sagt, es wird regnen.*
  **Afirmam** que não há bilhetes. — *Man behauptet, dass es keine Karten gibt.*

- durch die 1. Person Plural eines Verbs, wenn der Sprecher sich zu dieser Aussage bekennt:

  Quase não **podemos** acreditar nisso! — *Man kann es kaum glauben!*
  **Devemos** sempre tomar atenção aos carros! — *Man muss immer auf die Autos aufpassen!*

▶ Kapitel 9 Das Passiv, Seite 81.

# Die Possessivpronomen

## Die Formen der Possessivpronomen

| Besitz / Besitzer | Singular | | Plural | |
|---|---|---|---|---|
| | männlich | weiblich | männlich | weiblich |
| eu<br>tu<br>você<br>ele<br>ela | **meu**<br>**teu**<br>**seu**<br>**seu (dele)**<br>**seu (dela)** | **minha**<br>**tua**<br>**sua**<br>**sua (dele)**<br>**sua (dela)** | **meus**<br>**teus**<br>**seus**<br>**seus (dele)**<br>**seus (dela)** | **minhas**<br>**tuas**<br>**suas**<br>**suas (dele)**<br>**suas (dela)** |
| nós<br>(vós)<br>vocês<br>eles<br>elas | **nosso**<br>**vosso**<br>**seu**<br>**seu (deles)**<br>**seu (delas)** | **nossa**<br>**vossa**<br>**sua**<br>**sua (deles)**<br>**sua (delas)** | **nossos**<br>**vossos**<br>**seus**<br>**seus (deles)**<br>**seus (delas)** | **nossas**<br>**vossas**<br>**suas**<br>**suas (deles)**<br>**suas (delas)** |

Im Gegensatz zum Deutschen richtet sich das Possessivpronomen nicht nach dem Geschlecht des Besitzers, sondern nach der Zahl und dem Geschlecht des Besitzes:

| | |
|---|---|
| A **minha mala** é pesada. | *Mein Koffer ist schwer.* |
| Onde está o **meu casaco**? | *Wo ist meine Jacke?* |
| O **nosso hotel** é bom. | *Unser Hotel ist gut.* |
| As **suas primas** chegaram. | *Seine Kusinen sind angekommen.* |

Obwohl die Form **vós** veraltet ist, verwendet man trotzdem im europäischen Portugiesisch das dazugehörige Possessivprononen **vosso**, **vossa**, **vossos**, **vossas**:

| | |
|---|---|
| Onde estão **os vossos** livros? | *Wo sind eure Bücher?* |

Die Form **vosso**, **vossa**, **vossos**, **vossas** wird in Brasilien nicht verwendet. Stattdessen nimmt man die Formen **seu**, **sua**, **seus**, **suas** oder **de vocês**:

| | |
|---|---|
| Este livro é **de vocês**? | *Ist das euer Buch?* |

## Der Gebrauch der Possessivpronomen

Im europäischen Portugiesisch werden in der Regel die Possessivpronomen vom entsprechenden bestimmten Artikel begleitet:

| | |
|---|---|
| **A minha** casa é grande. | *Mein Haus ist groß.* |
| **O meu** cão é preto e branco. | *Mein Hund ist schwarz-weiß.* |
| Pagaste **a nossa** conta? | *Hast du unsere Rechnung bezahlt?* |

Es gibt allerdings einige Ausnahmen, z. B. in der Anrede:

| | |
|---|---|
| Bom dia, **minha senhora**! | *Guten Morgen, meine Dame!* |
| Que bom ver-te, **meu querido**! | *Wie gut, dich zu sehen, mein Liebling!* |

Die Formen **seu**, **sua**, **seus**, **suas** werden nicht nur bei der Anrede gebraucht, sondern auch wenn man von Dritten spricht. Um Missverständnisse zu vermeiden und eindeutig zwischen *sein*, *ihr* (f. Sg., m. Pl., f. Pl.) und *Ihr* zu unterscheiden, empfiehlt es sich, die verschmolzenen Formen **dele**, **dela**, **deles**, **delas** zu verwenden, wenn es sich nicht um eine Anrede handelt.

| | |
|---|---|
| **O seu** irmão vive no Porto? | *Lebt Ihr Bruder in Porto?* |
| **A sua** profissão é interessante. | *Sein/ihr/Ihr Beruf ist interessant.* |
| **A** profissão **dele** é interessante. | *Sein Beruf ist interessant.* |
| Qual é **o seu** carro? | *Welches ist sein/ihr/Ihr Auto?* |
| Qual é **o** carro **delas**? | *Welches ist ihr* (f. Pl.) *Auto?* |
| Esta é **a sua** casa. | *Das ist sein/ihr/Ihr Haus.* |
| Esta é **a** casa **deles**. | *Das ist ihr* (m. Pl.) *Haus.* |

# Die Demonstrativpronomen

Mit den Demonstrativpronomen wird auf Personen und Sachen hingewiesen, wobei man im Portugiesischen sogar drei verschiedene Ebenen nach der jeweiligen Entfernung zum Sprecher unterscheidet.
Außerdem gibt es nicht nur veränderliche, sondern auch unveränderliche Demonstrativpronomen.

## Die Formen der Demonstrativpronomen

| veränderlich | | | | unveränderlich |
|---|---|---|---|---|
| Singular | | Plural | | |
| männlich | weiblich | männlich | weiblich | |
| **este** | **esta** | **estes** | **estas** | **isto** |
| **esse** | **essa** | **esses** | **essas** | **isso** |
| **aquele** | **aquela** | **aqueles** | **aquelas** | **aquilo** |

### Verschmelzung mit Präpositionen

Folgende Präpositionen verschmelzen mit dem nachfolgenden Demonstrativpronomen zu einem Wort:

| | | | | | |
|---|---|---|---|---|---|
| em | **neste**<br>**nesse**<br>**naquele** | **nesta**<br>**nessa**<br>**naquela** | **nestes**<br>**nesses**<br>**naqueles** | **nestas**<br>**nessas**<br>**naquelas** | **nisto**<br>**nisso**<br>**naquilo** |
| de | **deste**<br>**desse**<br>**daquele** | **desta**<br>**dessa**<br>**daquela** | **destes**<br>**desses**<br>**daqueles** | **destas**<br>**dessas**<br>**daquelas** | **disto**<br>**disso**<br>**daquilo** |
| a | **àquele** | **àquela** | **àqueles** | **àquelas** | **àquilo** |

## Der Gebrauch der Demonstrativpronomen

### Die Dreiteilung

Im Gegensatz zum Deutschen, das nur *dieser hier* und *dieser da* unterscheidet, hat das Portugiesische drei verschiedene Ebenen:

1. **este**: bezieht sich auf eine Person oder einen Gegenstand in der Nähe des Sprechers und passt zum Ortsadverb **aqui** *(hier)*.

   **Este** vinho é excelente! *Dieser Wein ist ausgezeichnet!*

2. **esse**: bezieht sich auf eine Person oder einen Gegenstand in der Nähe des Angesprochenen und passt zum Ortsadverb **aí** *(da)*.

   **Essas** flores são tuas? *Sind diese Blumen (bei dir) deine?*

3. **aquele**: bezieht sich auf eine Person oder einen Gegenstand, der von beiden Gesprächspartnern entfernt ist. Passt zum Ortsadverb **ali** *(dort, da)*.

**Aquela** piscina é formidável! — *Dieses Schwimmbad (dort) ist toll!*

### Adjektivischer und substantivischer Gebrauch

1. In der Regel werden die veränderlichen Demonstrativpronomen adjektivisch gebraucht, d. h. sie richten sich in Zahl und Geschlecht nach dem dazugehörigen Substantiv.

**Este** telefone está avariado. — *Dieses Telefon ist defekt.*

2. Die unveränderlichen Demonstrativpronomen werden immer substantivisch gebraucht, stehen also immer allein.

Não come **isso**? — *Essen Sie das nicht?*
O que é **isto**? — *Was ist das (hier)?*

# Die Relativpronomen

## Die Formen der Relativpronomen

| | | |
|---|---|---|
| **que** | *der, die, das* | unveränderlich, das meistgebrauchte Relativpronomen |
| **o/a qual**<br>**os/as quais** | *der, die, das; welcher, welche(s)*<br>*die, welche* | eher Schriftsprache |
| **quem** | *wer, wem, wen; derjenige, der* | unveränderlich, nur für Personen |
| **cujo/-a**<br>**cujos/-as** | *dessen, deren*<br>*deren* | Genitivform, nur Schriftsprache |
| **quanto/-a**<br>**quantos/-as** | *wie viel*<br>*wie viele* | nur in bestimmten Verbindungen |

## Der Gebrauch der Relativpronomen

1. **Que** ist unveränderlich und bezieht sich auf Personen und Sachen. Es kann Subjekt oder Objekt sein. Ihm können Präpositionen vorangestellt werden.

A pessoa **que** telefonou não deixou recado. — *Die Person, die anrief, hinterließ keine Nachricht.*
O livro **que** comprei foi muito caro. — *Das Buch, das ich kaufte, war sehr teuer.*
O aluno **de que** falas não passou no exame. — *Der Schüler, von dem du sprichst, bestand die Prüfung nicht.*

2. **O/a qual**, **os/as quais** richtet sich in Zahl und Geschlecht nach dem (vorausgehenden) Substantiv. Es bezieht sich auf Personen und Sachen. Es wird oft verwendet, um Zweideutigkeiten auszuschließen, wenn das Relativpronomen weit vom dazugehörigen Wort steht.

| | |
|---|---|
| O irmão da minha amiga, **o qual** me convidou para jantar, é muito simpático. | *Der Bruder meiner Freundin, der mich zum Abendessen einlud, ist sehr nett.* |

Hätte man hier das Relativpronomen **que** verwendet, wüsste man nicht, ob man sich auf **irmão** oder **amiga** bezieht!

In der Umgangssprache steht **o/a qual**, **os/as quais** in Verbindung mit Präpositionen.

| | |
|---|---|
| Esqueci-me do cartão **sem o qual** não posso levantar dinheiro. | *Ich habe die Karte vergessen, ohne die ich kein Geld abheben kann.* |
| Este instituto tem 50 empregados, 20 **dos quais** são doutorados. | *Dieses Institut hat 50 Angestellte, von denen 20 promoviert sind.* |

3. **Quem** ist unveränderlich und bezieht sich nur auf Personen. Als Relativpronomen wird es eher in der Schriftsprache verwendet. Ihm geht meistens eine Präposition voraus.

| | |
|---|---|
| Conheço o professor **com quem** falaste. | *Ich kenne den Lehrer, mit dem du gesprochen hast.* |
| **Quem** corre por gosto não cansa. (Sprichwort) | *Wer gerne rennt, ermüdet nicht.* |

4. **Cujo/-a**, **cujos/-as** wird nur in der Schriftsprache verwendet. Obwohl es eine Genitivform ist, richtet es sich in Zahl und Geschlecht nach dem folgenden Substantiv. Es bezieht sich auf Personen und Sachen.

| | |
|---|---|
| Este é o escritor, **cuja** obra é tão conhecida. | *Das ist der Schriftsteller, dessen Werk so bekannt ist.* |
| O cirurgião, **em cuja** competência todos confiam, vai operar o presidente. | *Der Chirurg, auf dessen Fähigkeit alle vertrauen, wird den Präsidenten operieren.* |

5. **Quanto/-a**, **quantos/-as** steht als Relativpronomen in der Regel nur in Verbindung mit **tudo**, **todo/-a**, **todos/-as**.

| | |
|---|---|
| Eu dei-lhe **tudo quanto** tinha. | *Ich gab ihm alles, was ich hatte.* |

# Die Interrogativpronomen

Interrogativpronomen leiten direkte und indirekte Fragen ein. Sie werden auch als Relativpronomen gebraucht.

| | | |
|---|---|---|
| **quem**<br>*wer*<br>*wen*<br>*wem*<br>*von wem* | <br>**Quem** fala?<br>**Quem** encontraste?<br>**A quem** escreve?<br>**De quem** estão a falar? | <br>*Wer spricht?*<br>*Wen hast du getroffen?*<br>*Wem schreiben Sie?*<br>*Von wem sprechen Sie?* |
| **(o) que**<br>*was* | **(O) que** está a fazer? | *Was machen Sie gerade?* |
| **qual/quais**<br>*welche/-r/-s* | **Qual** é o seu hotel?<br>**Quais** livros compras? | *Welches ist Ihr Hotel?*<br>*Welche Bücher kaufst du?* |
| **quanto**<br>*wie viel*<br>+ Verb<br>**quanto/-a**<br>**quantos/-as**<br>*wie viel(e)*<br>+ Subst. | **Quanto** custa isto?<br><br><br>**Quanta** fruta compras?<br>**Quantas** malas tens? | *Wie viel kostet das?*<br><br><br>*Wie viel Obst kaufst du?*<br>*Wie viel(e) Koffer hast du?* |
| **onde**<br>*wo*<br>**donde**<br>*woher*<br>**aonde**<br>*wohin* | **Onde** é o correio?<br><br>**Donde** vem a senhora?<br><br>**Aonde** vamos? | *Wo ist die Post?*<br><br>*Woher kommen Sie?*<br><br>*Wohin gehen wir?* |
| **como**<br>*wie* | **Como** se chama? | *Wie heißen Sie?* |
| **porque**<br>*warum* | **Porque** vens tarde? | *Warum kommst du spät?* |
| **quando**<br>*wann* | **Quando** chegas? | *Wann kommst du an?* |

▶ Kapitel 7 Die Relativpronomen, Seite 47.
▶ Kapitel 12 Der Fragesatz, Seite 98.

# Die Indefinitpronomen

Mit den Indefinitpronomen bezeichnet man eine unbestimmte Menge von Personen, Sachen etc. Es gibt veränderliche und unveränderliche Indefinitpronomen.

Die wichtigsten veränderlichen Indefinitpronomen:

| | |
|---|---|
| **muito/-a, muitos/-as** | *viel(e)* |
| **pouco/-a, poucos/-as** | *wenig(e)* |
| **todo/-a, todos/-as** | *ganz, alle* |
| **outro/-a, outros/-as** | *ein anderer/-es, (eine) andere* |
| **tanto/-a, tantos/-as** | *so viel(e)* |
| **algum/a, alguns/algumas** | *irgendeiner, -eine, -ein; einige* |
| **nenhum/a, nenhuns/nenhumas** | *keiner, keine, kein; keine* |
| **ambos/-as** | *beide* |
| **vários/-as** | *verschiedene* |

Ele come **muita** fruta. — *Er isst viel Obst.*
Temos **poucos** amigos. — *Wir haben wenig Freunde.*
Tomam mais **alguma** coisa? — *Trinken Sie noch etwas?*
Há **várias** opiniões. — *Es gibt verschiedene Meinungen.*

! Wenn **todo/-a**, **todos/-as** und **ambos/-as** vor einem Substantiv stehen, verwendet man den entsprechenden bestimmten Artikel dazwischen:

**Todas as** crianças brincam. — *Alle Kinder spielen.*
**Ambos os** hotéis são excelentes. — *Beide Hotels sind ausgezeichnet.*

Die wichtigsten unveränderlichen Indefinitpronomen:

| | |
|---|---|
| **tudo** | *alles* |
| **nada** | *nichts* |
| **alguém** | *jemand* |
| **ninguém** | *niemand* |
| **cada** | *jeder, jede, jedes* |
| **mais** | *mehr* |
| **menos** | *weniger* |

Ela já preparou **tudo**. — *Sie hat schon alles vorbereitet.*
**Ninguém** telefonou. — *Niemand rief an.*
**Cada** cor, seu paladar! — *Jede Farbe hat einen (eigenen) Geschmack!*

▶ Zur doppelten Verneinung bei **nenhum/a**, **nenhuns/nenhumas**, **nada** und **ninguém** siehe auch Kapitel 14 Die Verneinung, Seite 112.

# 8 O verbo: os tempos – Das Verb: Die Zeiten

In diesem Kapitel werden die Zeiten behandelt, die zum Indikativ, also der Wirklichkeitsform gehören. Die übrigen Modi, das sind der Konditional (Bedingungsform), der Imperativ (Befehlsform) und der Konjunktiv (Möglichkeitsform), finden Sie in Kapitel 9.

## Regelmäßige Verben

Im Portugiesischen teilt man die Verben nach ihren Infinitivendungen in drei Konjugationen ein:

- 1. Konjugation: Verben auf **-ar**. Hierzu gehören die meisten portugiesischen Verben. Auch alle neu entstehenden Verben (Neologismen) nehmen im Portugiesischen die Endung **-ar** an.
- Die 2. Konjugation wird von den Verben mit der Endung **-er** gebildet. Auch zur 2. Konjugation gehören eine ganze Menge Verben.
- Zur 3. Konjugation gehören alle Verben, die auf **-ir** enden. Verben dieser Konjugation gibt es sehr wenige.

Bei den regelmäßigen Verben lassen sich die Formen aufgrund der Zugehörigkeit zu einer dieser drei Konjugationen voraussagen.

## Unregelmäßige Verben

Neben den regelmäßigen Verben gibt es natürlich auch eine bestimmte Anzahl unregelmäßiger Verben. Sie weisen Unregelmäßigkeiten im Präsens, aber zum Teil auch in den anderen Zeiten und Modi auf. Einige Beispiele im Präsens:

| | Infinitiv | 1. Pers. Sing. | |
|---|---|---|---|
| **-e- → -i-** | sentir | s**i**nto | *fühlen* |
| **-o- → -u-** | dormir | d**u**rmo | *schlafen* |
| **-v- → -ç-**<br>**-d- → -ç-**<br>**-z- → -ç-** | ouvir<br>pedir<br>fazer | ou**ç**o<br>pe**ç**o<br>fa**ç**o | *hören*<br>*bitten*<br>*machen, tun* |

▶ Im Anhang ab Seite 120 finden Sie eine Übersicht der wichtigsten unregelmäßigen Verben.

### Orthographische Veränderungen

Außer der zuvor genannten Art von Unregelmäßigkeiten gibt es auch Veränderungen, die orthographisch bedingt sind und das Ziel haben, eine gleich bleibende Aussprache innerhalb der Konjugation eines Verbs sicherzustellen.

| Verbstamm endet auf: | Infinitiv | → z. B. | |
|---|---|---|---|
| **-c-** vor **-e-** → **-qu-**<br>**-g-** vor **-e-** → **-gu-** | fi**c**ar<br>pa**g**ar | fi**que**i<br>pa**gue**i | *bleiben*<br>*bezahlen* |
| **-ç-** vor **-e-** → **-c-** | dan**ç**ar | dan**ce**i | *tanzen* |
| **-c-** vor **-a-** und **-o-** → **-ç-** | conhe**ce**r | conhe**ço** | *kennen* |
| **-ge-** vor **-a-** und **-o-** → **-j-**<br>**-gi-** vor **-a-** und **-o-** → **-j-** | prote**ge**r<br>corri**gi**r | prote**jo**<br>corri**jo** | *schützen*<br>*korrigieren* |
| **-gu-** vor **-a-** und **-o-** → **-g-** | extin**gu**ir | extin**go** | *auslöschen* |
| **-qu-** vor **-a-** und **-o-** → **-c-** | extor**qu**ir | extor**co** | *abnötigen* |

## Hilfsverben

Die wichtigsten Hilfsverben im Portugiesischen sind: **ter**, **haver**, **ser**, **estar** und **ir**. Sie können alle auch als Vollverben verwendet werden.

### ter *(haben)*

Für die zusammengesetzten Zeiten ist **ter** das Hilfsverb bei allen Verben. Als Vollverb hat es die Bedeutung von *haben (besitzen)*.

Ele **tinha** descoberto um erro. — *Er hatte einen Fehler entdeckt.*
Vocês **têm** uma casa linda! — *Ihr habt ein schönes Haus!*

### haver *(haben)*

Als Hilfsverb für die zusammengesetzten Zeiten wird **haver** so gut wie nicht mehr gebraucht. Als Vollverb wird es im heutigen Sprachgebrauch als unpersönliches Verb verwendet, meistens nur in der 3. Person Singular im Sinne von *es gibt*.

Hoje **há** peixe fresco! — *Heute gibt es frischen Fisch!*

### ser *(sein)*

**ser** steht als Hilfsverb bei der Passivform. Als Vollverb bezeichnet es wesentliche, andauernde Eigenschaften wie Geschlecht, Beruf, Verwandtschaft, Staatszugehörigkeit, Religion, Farbe, Form etc.:

As blusas **são** lavadas por mim. — *Die Blusen werden von mir gewaschen.*
Ela **é** tradutora. — *Sie ist Übersetzerin.*

### estar *(sein, sich befinden)*

Als Hilfsverb bringt **estar** in der Verlaufsform **estar a** + Infinitiv eine gerade ablaufende Handlung zum Ausdruck. Als Vollverb bezeichnet es einen vorübergehenden Zustand.

Ela **está a** tomar banho. — *Sie badet gerade.*
O restaurante **está** fechado. — *Das Restaurant ist geschlossen.*

▶ Kapitel 14 **Ser** und **estar**, Seite 114.

### ir *(gehen)*

**ir** wird als Hilfsverb für die Bildung der nahen Zukunft verwendet (Präsens von **ir** + Infinitiv des Hauptverbs). Als Vollverb hat es die Bedeutung von *gehen*, *fahren* oder u. U. auch *fliegen*.

Nós **vamos comer** fora. — *Wir werden auswärts essen.*
Eu **vou** de avião para o Brasil. — *Ich fliege (mit dem Flugzeug) nach Brasilien.*

▶ Die unregelmäßigen Formen der Hilfsverben finden Sie jeweils bei den einzelnen Zeiten und Modi. Komplett sind alle Formen in der Übersicht der wichtigsten unregelmäßigen Verben im Anhang ab Seite 120 aufgeführt.

## So lesen Sie die Konjugationstabellen

Bevor Sie sich in dieses Kapitel vertiefen, hier zunächst ein paar wichtige Anmerkungen zu den Personalpronomen, die in den Kapiteln 8 und 9 für die verschiedenen Personen verwendet werden:

1. Das Personalpronomen und die Verbform der 2. Person Plural (**vós**) sind veraltet. Sie werden im Folgenden nicht aufgeführt. Stattdessen wird die Form **vocês** gebraucht, die im Deutschen mit *ihr* übersetzt wird. Die dazugehörige Verbform steht in der 3. Person Plural.
   Für die formelle Sie-Anrede im Plural verwendet man **os senhores** bzw. **as senhoras**. Auch hier steht die Verbform in der 3. Person Plural.

2. Die Form **você** dient im europäischen Portugiesisch als informelle Sie-Anrede einer Person. Die dazu passende Verbform ist die der 3. Person Singular.

3. Die 3. Person Plural unterscheidet im Portugiesischen zwischen einer männlichen oder gemischten Gruppe (**eles**) und einer weiblichen Gruppe (**elas**).

Auf einen Blick:

| | | | |
|---|---|---|---|
| Singular | 1. Person | **eu** | *ich* |
| | 2. Person | **tu** | *du* |
| | | **você** | *Sie* |
| | 3. Person | **ele** | *er* |
| | | **ela** | *sie* |
| Plural | 1. Person | **nós** | *wir* |
| | 2. Person | – | – |
| | 3. Person | **vocês** | *ihr* |
| | | **eles** | *sie* |
| | | **elas** | *sie* |

▶ Kapitel 7 Personalpronomen, Seite 37.
▶ Kapitel 13 Die brasilianische Variante, Seite 106.

# Das Präsens

## Regelmäßige Verben

Das Präsens (**presente**) der regelmäßigen Verben wird durch Anhängen der in der Tabelle hervorgehobenen Endungen an den Verbstamm gebildet.

! Der Verbstamm ist der Teil der Infinitivform, der übrig bleibt, wenn man die Endung **-ar**, **-er** und **-ir** wegnimmt, also in den Musterbeispielen **fal-**, **viv-**, **abr-**.

| | **-ar** | **-er** | **-ir** |
|---|---|---|---|
| | fal**ar** *(sprechen)* | viv**er** *(leben)* | abr**ir** *(öffnen)* |
| eu | fal**o** | viv**o** | abr**o** |
| tu | fal**as** | viv**es** | abr**es** |
| você<br>ele<br>ela | fal**a**<br>fal**a**<br>fal**a** | viv**e**<br>viv**e**<br>viv**e** | abr**e**<br>abr**e**<br>abr**e** |
| nós | fal**amos** | viv**emos** | abr**imos** |
| vocês<br>eles<br>elas | fal**am**<br>fal**am**<br>fal**am** | viv**em**<br>viv**em**<br>viv**em** | abr**em**<br>abr**em**<br>abr**em** |

## Unregelmäßige Verben

Am häufigsten tanzt die 1. Person Singular aus der Reihe, während die anderen Personen schön regelmäßig bleiben! Hier einige wichtige Abweichungen der 1. Person Singular:

| | Infinitiv | 1. Pers. Sing. | |
|---|---|---|---|
| **-e- → -i-** | pref**e**rir<br>s**e**ntir<br>v**e**stir | pref**i**ro<br>s**i**nto<br>v**i**sto | *vorziehen*<br>*fühlen*<br>*anziehen* |
| **-o- → -u-** | d**o**rmir | d**u**rmo | *schlafen* |
| **-v- → -ç-**<br>**-d- → -ç-**<br>**-z- → -ç-** | ou**v**ir<br>pe**d**ir<br>fa**z**er | ou**ç**o<br>pe**ç**o<br>fa**ç**o | *hören*<br>*bitten*<br>*machen, tun* |
| **-z- → -g-** | di**z**er | di**g**o | *sagen* |
| **-d- → -ss-** | po**d**er | po**ss**o | *können* |

▶ Übersicht der wichtigsten unregelmäßigen Verben im Anhang, Seite 120.

## Hilfsverben

Das Präsens der wichtigsten Hilfsverben:

| | ter | haver | ser | estar | ir |
|---|---|---|---|---|---|
| eu | **tenho** | | **sou** | **estou** | **vou** |
| tu | **tens** | | **és** | **estás** | **vais** |
| você<br>ele<br>ela | **tem**<br>**tem**<br>**tem** | **há**<br>**há**<br>**há** | **é**<br>**é**<br>**é** | **está**<br>**está**<br>**está** | **vai**<br>**vai**<br>**vai** |
| nós | **temos** | | **somos** | **estamos** | **vamos** |
| vocês<br>eles<br>elas | **têm**<br>**têm**<br>**têm** | | **são**<br>**são**<br>**são** | **estão**<br>**estão**<br>**estão** | **vão**<br>**vão**<br>**vão** |

## Der Gebrauch des Präsens

Das portugiesische Präsens entspricht weitgehend dem Präsens im Deutschen. Es wird benutzt für:

- Vorgänge oder Zustände, die zum Zeitpunkt der Aussage gelten:

  O tempo **está** lindo! *Das Wetter ist schön!*

- gewöhnliche Handlungen oder Zustände:

  Ele nunca **bebe** cerveja. *Er trinkt nie Bier.*

- zeitlose Aussagen:

  O sol **é** uma estrela. *Die Sonne ist ein Stern.*

- die nahe Zukunft (meistens zusammen mit Adverbien der Zeit). Es ist eine Alternative zum Futur I:

  Amanhã **começam** as férias. *Morgen beginnen die Ferien.*

# Die Vergangenheit

## Das einfache Perfekt

Die meistgebrauchte Vergangenheitsform im gesprochenen Portugiesisch ist das **pretérito perfeito simples (pps)**, das im Deutschen einfaches oder auch historisches Perfekt genannt wird.

### Regelmäßige Verben

Das einfache Perfekt der regelmäßigen Verben wird durch Anhängen folgender Endungen an den Stamm gebildet:

| | -ar | -er | -ir |
|---|---|---|---|
| | fal**ar** | viv**er** | abr**ir** |
| eu<br>tu<br>você/ele/ela | fal**ei**<br>fal**aste**<br>fal**ou** | viv**i**<br>viv**este**<br>viv**eu** | abr**i**<br>abr**iste**<br>abr**iu** |
| nós<br>vocês/eles/elas | fal**ámos**<br>fal**aram** | viv**emos**<br>viv**eram** | abr**imos**<br>abr**iram** |

! Die Formen der 1. Person Plural stimmen in der 2. und 3. Konjugation mit den entsprechenden Formen im Präsens überein.

### Gebräuchliche unregelmäßige Verben

| | ter | estar | ser/ir | haver | fazer |
|---|---|---|---|---|---|
| eu<br>tu<br>você/ele/ela | **tive**<br>**tiveste**<br>**teve** | **estive**<br>**estiveste**<br>**esteve** | **fui**<br>**foste**<br>**foi** | <br><br>**houve** | **fiz**<br>**fizeste**<br>**fez** |
| nós<br>vocês/eles/elas | **tivemos**<br>**tiveram** | **estivemos**<br>**estiveram** | **fomos**<br>**foram** | | **fizemos**<br>**fizeram** |

! Obwohl die Verben **ser** und **ir** im einfachen Perfekt identische Formen haben, gibt es in der Regel keine Missverständnisse. Der Kontext ist ja maßgebend:

Ele **foi** um bom aluno no liceu. — *Er war im Gymnasium ein guter Schüler.*
Ela **foi** para casa. — *Sie ist nach Hause gegangen.*

Beachten Sie besonders die Betonung der 3. Person Plural: Sie erfolgt auf der vorletzten Silbe! Wenn Sie die letzte Silbe betonen, hört sich das an wie die 3. Person Plural des Futurs. Und das wäre gerade das Gegenteil ...

► Übersicht der wichtigsten unregelmäßigen Verben, Seite 120.

### Der Gebrauch des einfachen Perfekts

Das einfache Perfekt wird benutzt für:

- abgeschlossene und begrenzte Handlungen und Vorgänge der Vergangenheit, wie alltägliches Geschehen oder historische Ereignisse:

| | |
|---|---|
| **Trabalhei** todo o dia em casa. | *Ich habe den ganzen Tag zu Hause gearbeitet.* |
| Pessoa **nasceu** em Lisboa. | *Pessoa ist in Lissabon geboren.* |

⇨⇦ Das einfache Perfekt kann im Deutschen mit dem Perfekt oder Imperfekt übersetzt werden.

## Das zusammengesetzte Perfekt

Das zusammengesetzte Perfekt (**pretérito perfeito composto**) wird mit dem Indikativ Präsens des Hilfsverbs **ter** und dem Partizip Perfekt des Hauptverbs gebildet:

| | | |
|---|---|---|
| eu | **tenho** | |
| tu | **tens** | **falado** |
| você/ele/ela | **tem** | **comido** |
| nós | **temos** | **partido** |
| vocês/eles/elas | **têm** | |

▶ Kapitel 9 Das Partizip, Seite 78.

### Der Gebrauch des zusammengesetzten Perfekts

Das zusammengesetzte Perfekt kann von der Bedeutung her mit dem deutschen Perfekt überhaupt nicht verglichen werden. Es wird benutzt für:

- Handlungen und Vorgänge, die zwar in der Vergangenheit angefangen haben, aber bis zur Gegenwart andauern. Es wird oft von Adverbien und adverbialen Bestimmungen der Zeit begleitet wie **ultimamente**, **nestes últimos tempos** *(in letzter Zeit)*, **até agora** *(bis jetzt)*:

| | |
|---|---|
| Ultimamente **tenho trabalhado** muito. | *In letzter Zeit arbeite ich viel.* |
| Até agora não **tem havido** problemas. | *Bis jetzt gibt es keine Probleme.* |

⇨⇦ Das zusammengesetzte Perfekt wird im Deutschen in der Regel mit dem Präsens übersetzt.

## Das Imperfekt

Diese Vergangenheitsform heißt im Portugiesischen **pretérito imperfeito**.

### Regelmäßige Verben

Das Imperfekt der regelmäßigen Verben wird durch Anhängen folgender Endungen an den Stamm gebildet:

| | -ar | -er | -ir |
|---|---|---|---|
| | fal**ar** | viv**er** | abr**ir** |
| eu<br>tu<br>você/ele/ela | fal**ava**<br>fal**avas**<br>fal**ava** | viv**ia**<br>viv**ias**<br>viv**ia** | abr**ia**<br>abr**ias**<br>abr**ia** |
| nós<br>vocês/eles/elas | fal**ávamos**<br>fal**avam** | viv**íamos**<br>viv**iam** | abr**íamos**<br>abr**iam** |

! Die Verben **estar**, **ir**, **haver**, **fazer** bilden das Imperfekt regelmäßig!

### Gebräuchliche unregelmäßige Verben

| | ter | ser | pôr | vir |
|---|---|---|---|---|
| eu<br>tu<br>você/ele/ela | **tinha**<br>**tinhas**<br>**tinha** | **era**<br>**eras**<br>**era** | **punha**<br>**punhas**<br>**punha** | **vinha**<br>**vinhas**<br>**vinha** |
| nós<br>vocês/eles/elas | **tínhamos**<br>**tinham** | **éramos**<br>**eram** | **púnhamos**<br>**punham** | **vínhamos**<br>**vinham** |

► Übersicht der wichtigsten unregelmäßigen Verben im Anhang, Seite 120.

### Der Gebrauch des Imperfekts

Das Imperfekt wird benutzt für:

- Handlungen und Vorgänge der Vergangenheit in ihrem Verlauf, also nicht begrenzt:

  Dantes **tinha** cabelo comprido. — *Früher hatte ich langes Haar.*
  **Era** uma vez uma princesa ... — *Es war einmal eine Prinzessin ...*

- Handlungen, die in der Vergangenheit wiederholt und regelmäßig stattfanden:

  Às vezes **atrasava**-me. — *Manchmal verspätete ich mich.*

- Handlungen, die in der Vergangenheit noch andauerten, als eine neue hinzutrat:

  Quando eu **estava** na banheira, tocou o telefone. Típico! — *Als ich in der Badewanne war, klingelte das Telefon. Typisch!*

- höfliches Bitten und Wünsche, vor allem bei Verben wie **querer**, **desejar**:

| | |
|---|---|
| **Queria** um café, por favor! | *Ich möchte einen Kaffee, bitte!* |

- als Ersatz für das Konditional im Hauptsatz irrealer Bedingungssätze:

| | |
|---|---|
| Se tivesse tempo, **ia** contigo. | *Wenn ich Zeit hätte, würde ich mit dir gehen.* |

► Kapitel 12 Der irreale Bedingungssatz, Seite 101.

## Gegenüberstellung von Perfekt und Imperfekt

Diese beiden portugiesischen Verbzeiten erkennt man in der deutschen Übersetzung nicht direkt, denn beide kann man mit dem deutschen Perfekt oder Imperfekt wiedergeben. Folgende Grundregeln für die korrekte Verwendung von Perfekt und Imperfekt sind daher hilfreich:

1. - Imperfekt für Vorgänge, die in der Vergangenheit wiederholt und regelmäßig stattfanden

| | |
|---|---|
| O meu irmão **chegava** muitas vezes atrasado ao liceu. | *Mein Bruder kam oft zu spät ins Gymnasium.* |

- Perfekt für Vorgänge, die abgeschlossen sind und sich zu einem bestimmten Zeitpunkt ereignet haben

| | |
|---|---|
| No dia do exame final ele **chegou** a tempo. | *Am Tag der Abschlussprüfung kam er rechtzeitig.* |

2. - Imperfekt für die Begleitumstände einer Geschichte in der Vergangenheit
   - Perfekt für den Handlungsablauf einer Geschichte

| | |
|---|---|
| Um dia nós **fomos** com a minha mãe à Floresta Negra. | *Eines Tages sind wir mit meiner Mutter in den Schwarzwald gefahren.* |
| **Estava** um lindo dia de sol. | *Es war ein schöner, sonniger Tag.* |
| Ela **gostou** muito do passeio. | *Die Spazierfahrt gefiel ihr sehr gut.* |

3. - Imperfekt für die Handlung, die gerade in der Vergangenheit abläuft
   - Perfekt für die neue Handlung, die hinzutritt

| | |
|---|---|
| O professor já **estava** na sala quando **entraste.** | *Der Lehrer war schon im Klassenzimmer, als du hereinkamst.* |

## Das Plusquamperfekt

Das einfache Plusquamperfekt oder Plusquamperfekt I (**mais-que-perfeito simples**) wird nur noch in der Schriftsprache gebraucht. Aus diesem Grund wird hier nur das zusammengesetzte Plusquamperfekt oder Plusquamperfekt II (**mais-que-perfeito composto**) behandelt, das die gleiche Bedeutung hat.

Das Plusquamperfekt II wird mit dem Imperfekt des Hilfsverbs **ter** und dem Partizip Perfekt des Hauptverbs gebildet:

| | | |
|---|---|---|
| eu<br>tu<br>você/ele/ela | **tinha**<br>**tinhas**<br>**tinha** | **falado**<br>**comido**<br>**partido** |
| nós<br>vocês/eles/elas | **tínhamos**<br>**tinham** | |

▶ Kapitel 9 Das Partizip, Seite 78.

### Der Gebrauch des Plusquamperfekts II

Ähnlich wie im Deutschen drückt das Plusquamperfekt II einen Vorgang aus, der noch vor einem anderen Vorgang in der Vergangenheit liegt. Das Zeitadverb **já** *(schon)* wird deswegen oft in diesem Zusammenhang benutzt.

| | |
|---|---|
| Ele telefonou-me às dez horas, mas eu já **tinha saído**. | *Er rief mich um zehn Uhr an, aber ich war schon ausgegangen.* |
| Como nós não **tínhamos lido** o jornal, não sabíamos da greve dos transportes. | *Da wir die Zeitung nicht gelesen hatten, wussten wir nicht vom Streik der Transportmittel* |

# Die Zukunft

## Die nahe Zukunft

Im gesprochenen europäischen Portugiesisch verwendet man für eine Handlung, die in der nahen Zukunft stattfinden wird, selten das Futur I, sondern eher die nahe Zukunft. Diese wird ganz einfach gebildet: Mit dem Hilfsverb **ir** im Präsens und dem Infinitiv des Hauptverbs.

| | | |
|---|---|---|
| eu<br>tu<br>você/ele/ela | **vou**<br>**vais**<br>**vai** | **falar**<br>**comer**<br>**partir** |
| nós<br>vocês/eles/elas | **vamos**<br>**vão** | |

| | |
|---|---|
| Vocês **vão visitar** a Torre de Belém? | *Werdet ihr den Turm von Belém besuchen?* |
| Nas férias ele **vai aprender** português. | *In den Ferien wird er Portugiesisch lernen.* |

## Das Futur I

Es ist wirklich erfreulich: Die Endungen, die man zur Bildung des Futurs I (**futuro simples**) an den Infinitiv anhängt, sind für alle drei Konjugationen gleich! Man startet also diesmal vom Infinitiv:

| | **-ar** | **-er** | **-ir** |
|---|---|---|---|
| | fal**ar** | viv**er** | abr**ir** |
| eu<br>tu<br>você/ele/ela | falar**ei**<br>falar**ás**<br>falar**á** | viver**ei**<br>viver**ás**<br>viver**á** | abrir**ei**<br>abrir**ás**<br>abrir**á** |
| nós<br>vocês/eles/elas | falar**emos**<br>falar**ão** | viver**emos**<br>viver**ão** | abrir**emos**<br>abrir**ão** |

Auch die sonst unregelmäßigen Verben bilden das Futur I auf diese Weise, ohne Unregelmäßigkeiten.

Die einzigen Verben, die eine kleine Unregelmäßigkeit aufweisen, sind die Verben **dizer** *(sagen)*, **fazer** *(machen)* und **trazer** *(bringen)*. Beim Infinitiv entfällt nämlich das **-ze-**, bevor die Endungen daran gehängt werden.

| | dizer | fazer | trazer |
|---|---|---|---|
| eu<br>tu<br>você/ele/ela | dir**ei**<br>dir**ás**<br>dir**á** | far**ei**<br>far**ás**<br>far**á** | trar**ei**<br>trar**ás**<br>trar**á** |
| nós<br>vocês/eles/elas | dir**emos**<br>dir**ão** | far**emos**<br>far**ão** | trar**emos**<br>trar**ão** |

### Der Gebrauch des Futurs I

Das Futur I wird benutzt:

- zur Darstellung zukünftiger Handlungen oder Zustände, vor allem in der Schriftsprache im europäischen Portugiesisch:

  Ele **partirá** no sábado. — *Er wird am Samstag abreisen.*
  Nós **contaremos** tudo. — *Wir werden alles erzählen.*

- zum Ausdruck der Vermutung, Annahme oder Unsicherheit:

  Amanhã **estará** bom tempo? — *Ob morgen schönes Wetter sein wird?*
  Ele **gostará** deste presente ... — *Er wird dieses Geschenk mögen ...*

▶ Kapitel 13 Die brasilianische Variante, Seite 108.

## Das Futur II

Neben dem Futur I gibt es im Portugiesischen das Futur II, auch vollendetes Futur genannt (**futuro perfeito**).
Das Futur II wird mit dem Futur I des Hilfsverbs **ter** und dem Partizip Perfekt des Hauptverbs gebildet:

| | | |
|---|---|---|
| eu<br>tu<br>você/ele/ela | **terei**<br>**terás**<br>**terá** | **falado**<br>**comido**<br>**partido** |
| nós<br>vocês/eles/elas | **teremos**<br>**terão** | |

▶ Kapitel 9 Das Partizip, Seite 78.

### Der Gebrauch des Futurs II

Ähnlich wie im Deutschen benutzt man das Futur II:

- für eine zukünftige Handlung, die abgeschlossen sein wird, bevor eine andere einsetzt:

  Quando ela chegar, já **terei comido.** *Wenn sie ankommt, werde ich schon gegessen haben.*

- zum Ausdruck der Vermutung, Annahme oder Unsicherheit bezüglich einer Handlung in der Vergangenheit:

  Eles **terão falado** com o professor? *Ob sie mit dem Lehrer gesprochen haben?*

# 9 O verbo: os modos – Das Verb: Die Modi

Die Modi drücken die Haltung des Sprechers gegenüber seiner Äußerung aus. Im Portugiesischen gibt es vier Modi: Indikativ (Wirklichkeitsform), Konditional (Bedingungsform), Imperativ (Befehlsform) und Konjunktiv (Möglichkeitsform). In Kapitel 8 werden die Verbzeiten behandelt, die zum Indikativ gehören. Das vorliegende Kapitel befasst sich mit den restlichen Modi.
Es wird empfohlen, die Einführung von Kapitel 8 zu beachten.

► Kapitel 8 Das Verb: Die Zeiten, Seite 51.

## Der Konditional

### Der Konditional I

Erfreulich ist, dass die Endungen, die man zur Bildung des Konditionals I (**condicional simples**) an den Infinitiv anhängt, für alle drei Konjugationen gleich sind. Es wird also vom Infinitiv gestartet:

| | **-ar** | **-er** | **-ir** |
|---|---|---|---|
| | fal**ar** *(sprechen)* | viv**er** *(leben)* | abr**ir** *(öffnen)* |
| eu<br>tu<br>você/ele/ela | falar**ia**<br>falar**ias**<br>falar**ia** | viver**ia**<br>viver**ias**<br>viver**ia** | abrir**ia**<br>abrir**ias**<br>abrir**ia** |
| nós<br>vocês/eles/elas | falar**íamos**<br>falar**iam** | viver**íamos**<br>viver**iam** | abrir**íamos**<br>abrir**iam** |

Auch die sonst unregelmäßigen Verben bilden den Konditional I auf diese Weise, ohne Unregelmäßigkeiten.

Wie beim Futur I sind die einzigen Verben, die eine kleine Unregelmäßigkeit aufweisen, die Verben **dizer** *(sagen)*, **fazer** *(machen)* und **trazer** *(bringen)*. Beim Infinitiv entfällt nämlich jeweils das **-ze-**, bevor die Endungen angehängt werden.

| | dizer | fazer | trazer |
|---|---|---|---|
| eu<br>tu<br>você/ele/ela | dir**ia**<br>dir**ias**<br>dir**ia** | far**ia**<br>far**ias**<br>far**ia** | trar**ia**<br>trar**ias**<br>trar**ia** |
| nós<br>vocês/eles/elas | dir**íamos**<br>dir**iam** | far**íamos**<br>far**iam** | trar**íamos**<br>trar**iam** |

### Der Gebrauch des Konditionals I

Der Konditional I wird benutzt für:

- Hauptsätze von irrealen Bedingungssätzen:

| | |
|---|---|
| Se eu tivesse tempo, **iria** mais vezes a Portugal. | *Wenn ich Zeit hätte, würde ich öfters nach Portugal fahren.* |

▶ Diese Art der Verwendung wird in Kapitel 12, Der irreale Bedingungssatz, Seite 101, ausführlich behandelt.

- die höfliche Äußerung eines Wunsches:

| | |
|---|---|
| Eu **gostaria** muito de ver esse filme. | *Ich würde diesen Film sehr gerne sehen.* |
| Tu **deverias** fazer dieta. | *Du solltest eine Diät machen.* |

- Nebensätze mit **que** und indirekte Fragesätze, wenn der Hauptsatz in der Vergangenheit steht:

| | |
|---|---|
| Ela escreveu-me que **viria** no próximo mês. | *Sie schrieb mir, dass sie nächsten Monat kommen würde.* |
| Eu não sabia se tu me **convidarias** para a tua festa ... | *Ich wusste nicht, ob du mich zu deinem Fest einladen würdest ...* |

- eine auf die Vergangenheit bezogene Vermutung:

| | |
|---|---|
| Que horas **seriam** quando o Pedro telefonou? | *Wie spät mag es gewesen sein, als Pedro anrief?* |

! Mit Ausnahme des letzten Falls wird hier vor allem im gesprochenen europäischen Portugiesisch oft das Imperfekt verwendet.

▶ Kapitel 8 Das Verb: Die Zeiten, Seite 59.

## Der Konditional II

Neben dem Konditional I gibt es im Portugiesischen den Konditional II (**condicional composto**).
Der Konditional II wird mit dem Konditional I des Hilfsverbs **ter** und dem Partizip Perfekt des Hauptverbs gebildet:

| | | |
|---|---|---|
| eu<br>tu<br>você/ele/ela | **teria**<br>**terias**<br>**teria** | **falado**<br>**comido**<br>**partido** |
| nós<br>vocês/eles/elas | **teríamos**<br>**teriam** | |

▶ Kapitel 9 Das Partizip, Seite 78.

### Der Gebrauch des Konditionals II

Der Gebrauch des Konditionals II ist ähnlich wie der Gebrauch des Konditionals I. Er wird benutzt für:

- Hauptsätze von irrealen Bedingungssätzen der Vergangenheit:

| | |
|---|---|
| Se ele me tivesse convidado, eu **teria ido** à sua festa de aniversário. | *Wenn er mich eingeladen hätte, wäre ich zu seiner Geburtstagsparty gegangen.* |

▶ Diese Art der Verwendung wird in Kapitel 12 Der irreale Bedingungssatz, Seite 101, ausführlich behandelt.

- die höfliche Äußerung eines Wunsches oder einer Vermutung in der Vergangenheit:

| | |
|---|---|
| Eu **teria gostado** muito de ver esse filme. | *Ich hätte diesen Film sehr gerne gesehen.* |
| Quem **teria telefonado**? | *Wer mag wohl angerufen haben?* |

- Nebensätze mit **que** in der indirekten Rede, wenn der Satz der direkten Rede im Futur II steht:

| | |
|---|---|
| Até Agosto nós **teremos escrito** o livro. | *Bis August werden wir das Buch geschrieben haben.* |
| Eles disseram que até Agosto **teriam escrito** o livro. | *Sie sagten, dass sie das Buch bis August geschrieben haben werden.* |

▶ Kapitel 12 Die indirekte Rede, Seite 102.

## Der Imperativ

Der Imperativ (**imperativo**) hat im Portugiesischen nur zwei eigentliche Imperativformen: eine für die 2. Person Singular und eine für die 2. Person Plural. Da die Verbformen der 2. Person Plural veraltet sind, verwendet man heute nur die 2. Person Singular.
Diese Form wird von der entsprechenden Person des Indikativs Präsens abgeleitet. Die Endung **-s** entfällt, dadurch ist die Imperativform der 2. Person Singular formal gleich wie die 3. Person Singular des Indikativs Präsens. Das gilt auch für die unregelmäßigen Verben. Lediglich beim Verb **ser** gibt es eine Ausnahme.

| | Infinitiv | 3. Pers. Sing. Indikativ Präs. | 2. Pers. Sing. Imperativ |
|---|---|---|---|
| **-ar**<br>**-er**<br>**-ir** | fal**ar**<br>com**er**<br>abr**ir** | fala<br>come<br>abre | **fala**<br>**come**<br>**abre** |
| Unregelmäßige Verben | ter<br>estar<br>dizer<br>ir<br>vir | tem<br>está<br>diz<br>vai<br>vem | **tem**<br>**está**<br>**diz**<br>**vai**<br>**vem** |
| ***aber:*** | **ser** | **é** | **sê** |

Diese Form der 2. Person Singular gilt jedoch nur für nicht verneinte Befehle.

Alle anderen Personen des Imperativs und alle verneinten Befehle (auch der 2. Person Singular) werden durch den Konjunktiv Präsens ausgedrückt.

▶ Kapitel 9 Der Konjunktiv, Seite 67.

## Der Gebrauch des Imperativs

Die Befehlsform wird im Portugiesischen ähnlich wie im Deutschen verwendet. Sie wird für die 2. und 3. Person Singular, die 1. Person Plural (Aufforderung an einen Personenkreis, zu dem der Sprecher gehört) und die 3. Person Plural gebraucht:

Mit der Befehlsform:

| | |
|---|---|
| **Tem** paciência! | *Hab Geduld!* |
| **Fala** mais devagar, por favor! | *Sprich bitte langsamer!* |

Mit Konjunktiv:

| | |
|---|---|
| Não **abras** a porta. | *Mach die Tür nicht auf.* |
| **Telefone** já para casa. | *Rufen Sie gleich zu Hause an.* |
| **Dancemos**! | *Lass uns tanzen!* |
| **Comprem** o bilhete. | *Kaufen Sie (kauft) die Karte.* |

▶ Kapitel 9 Der Konjunktiv, Seite 67.

Die gängigsten Formen des Imperativs auf einen Blick:

| | fal**ar** | com**er** | abr**ir** |
|---|---|---|---|
| (tu)<br>(você)<br>(vocês) | **fala / não fales**<br>**fale**<br>**falem** | **come / não comas**<br>**coma**<br>**comam** | **abre / não abras**<br>**abra**<br>**abram** |

| | **ter** | **estar** | **ser** |
|---|---|---|---|
| (tu)<br>(você)<br>(vocês) | **tem / não tenhas**<br>**tenha**<br>**tenham** | **está / não estejas**<br>**esteja**<br>**estejam** | **sê / não sejas**<br>**seja**<br>**sejam** |

| | **dizer** | **ir** | **vir** |
|---|---|---|---|
| (tu)<br>(você)<br>(vocês) | **diz / não digas**<br>**diga**<br>**digam** | **vai / não vás**<br>**vá**<br>**vão** | **vem / não venhas**<br>**venha**<br>**venham** |

| | **dar** | **pôr** | **trazer** |
|---|---|---|---|
| (tu)<br>(você)<br>(vocês) | **dá / não dês**<br>**dê**<br>**dêem** | **põe / não ponhas**<br>**ponha**<br>**ponham** | **traz / não tragas**<br>**traga**<br>**tragam** |

# Der Konjunktiv

Der Konjunktiv hat im Portugiesischen einen viel höheren Stellenwert als im Deutschen. Er wird als Möglichkeitsform bezeichnet und drückt im Gegensatz zum Indikativ eine subjektive Einstellung zu Ereignissen aus. Es gibt aber auch eine ganze Menge Ausdrücke, Konjunktionen etc., die im Portugiesischen automatisch den Konjunktiv verlangen und nicht unbedingt Subjektivität widerspiegeln.

Der Konjunktiv wird im Portugiesischen in allen Zeiten verwendet, sowohl in der Schriftsprache als auch im gesprochenen Portugiesisch.

*Konjunktiv* heißt im europäischen Portugiesisch **conjuntivo**, in Brasilien **subjuntivo**.

## Der Konjunktiv Präsens

Die Formen des Konjunktivs Präsens (**presente do conjuntivo**) werden von der 1. Person Singular des Indikativs Präsens abgeleitet. Die Endung -**o** aller Konjugationen wird wie folgt ersetzt:

| | fal**ar** | viv**er** | abr**ir** |
|---|---|---|---|
| 1. Pers. Sing.<br>Indikativ Präsens | fal**o** | viv**o** | abr**o** |
| eu<br>tu<br>você/ele/ela | fal**e**<br>fal**es**<br>fal**e** | viv**a**<br>viv**as**<br>viv**a** | abr**a**<br>abr**as**<br>abr**a** |
| nós<br>vocês/eles/elas | fal**emos**<br>fal**em** | viv**amos**<br>viv**am** | abr**amos**<br>abr**am** |

Der Konjunktiv Präsens der meisten unregelmäßigen Verben wird regelmäßig gebildet, denn man geht von der 1. Person Singular aus. Einige Beispiele:

| | **dizer** | **fazer** | **ver** | **ouvir** |
|---|---|---|---|---|
| 1. Pers. Sing.<br>Indikativ Präsens | **digo** | **faço** | **vejo** | **ouço** |
| eu<br>tu<br>você/ele/ela | dig**a**<br>dig**as**<br>dig**a** | faç**a**<br>faç**as**<br>faç**a** | vej**a**<br>vej**as**<br>vej**a** | ouç**a**<br>ouç**as**<br>ouç**a** |
| nós<br>vocês/eles/elas | dig**amos**<br>dig**am** | faç**amos**<br>faç**am** | vej**amos**<br>vej**am** | ouç**amos**<br>ouç**am** |

Der Konjunktiv Präsens der wichtigsten Hilfsverben:

| | **ter** | **haver** | **ser** | **estar** |
|---|---|---|---|---|
| 1. Pers. Sing. Indikativ Präsens | tenh**o** | | **sou** | **estou** |
| eu<br>tu<br>você/ele/ela | tenh**a**<br>tenh**as**<br>tenh**a** | <br><br>haja | sej**a**<br>sej**as**<br>sej**a** | estej**a**<br>estej**as**<br>estej**a** |
| nós<br>vocês/eles/elas | tenh**amos**<br>tenh**am** | | sej**amos**<br>sej**am** | estej**amos**<br>estej**am** |

Wie Sie schon bei den wichtigsten Hilfsverben sehen können, lassen sich die Konjunktivformen bei einigen unregelmäßigen Verben nicht von der 1. Person Singular ableiten. Weitere Beispiele:

dar *(geben)* → dou → dê, dês, dê, dêmos, dêem
ir *(gehen)* → vou → vá, vás, vá, vamos, vão
querer *(wollen)* → quero → queira, queiras, queira, queiramos, queiram
saber *(wissen)* → sei → saiba, saibas, saiba, saibamos, saibam

▶ Gebrauch des Konjunktivs Präsens, Seite 69.

## Der Konjunktiv Imperfekt

Die Formen des Konjunktivs Imperfekt (**imperfeito do conjuntivo**) werden von der 3. Person Plural des einfachen Perfekts abgeleitet. Die Endsilbe **-ram** aller Konjugationen wird wie folgt ersetzt:

| | fal**ar** | viv**er** | abr**ir** |
|---|---|---|---|
| 3. Pers. Plural Einfaches Perfekt | fala**ram** | vive**ram** | abri**ram** |
| eu<br>tu<br>você/ele/ela | fala**sse**<br>fala**sses**<br>fala**sse** | vive**sse**<br>vive**sses**<br>vive**sse** | abri**sse**<br>abri**sses**<br>abri**sse** |
| nós<br>vocês/eles/elas | falá**ssemos**<br>fala**ssem** | vivê**ssemos**<br>vive**ssem** | abrí**ssemos**<br>abri**ssem** |

! Die 1. Person Plural bekommt einen Akzent: einen Akut in der 1. und 3. Konjugation, einen Zirkumflex in der 2. Konjugation.

Der Konjunktiv Imperfekt der wichtigsten Hilfsverben:

| | **ter** | **estar** | **ser/ir** | **haver** |
|---|---|---|---|---|
| 3. Pers. Plural Einfaches Perfekt | tive**ram** | estive**ram** | fo**ram** | houve**ram** |
| eu<br>tu<br>você/ele/ela | tive**sse**<br>tive**sses**<br>tive**sse** | estive**sse**<br>estive**sses**<br>estive**sse** | fo**sse**<br>fo**sses**<br>fo**sse** | <br><br>houve**sse** |

| nós<br>vocês/eles/elas | tivéssemos<br>tivessem | estivéssemos<br>estivessem | fôssemos<br>fossem | |
|---|---|---|---|---|

! Die 1. Person Plural des Verbs **ser** und **ir** bekommt ausnahmsweise einen Zirkumflex. Ansonsten haben die unregelmäßigen Verben aller Konjugationen aber einen Akut in der 1. Person Plural. Einige Beispiele:

dar *(geben)* → deram → desse, desses, desse, d**é**ssemos, dessem
querer *(wollen)* → quiseram → quisesse, quisesses, quisesse, quis**é**ssemos, quisessem
saber *(wissen)* → souberam → soubesse, soubesses, soubesse, soub**é**ssemos, soubessem

▶ Kapitel 1 Akzente, Seite 13.
▶ Gebrauch des Konjunktivs Imperfekt, siehe unten.
▶ Übersicht der wichtigsten unregelmäßigen Verben im Anhang, Seite 120.

## Der Konjunktiv Plusquamperfekt

Der Konjunktiv Plusquamperfekt (**mais-que-perfeito composto do conjuntivo**) wird mit dem Konjunktiv Imperfekt des Hilfsverbs **ter** und dem Partizip Perfekt des Hauptverbs gebildet:

| | | |
|---|---|---|
| eu<br>tu<br>você/ele/ela | **tivesse**<br>**tivesses**<br>**tivesse** | **falado**<br>**comido**<br>**partido** |
| nós<br>vocês/eles/elas | **tivéssemos**<br>**tivessem** | |

▶ Kapitel 9 Das Partizip, Seite 78.

### Der Gebrauch des Konjunktivs Präsens, Imperfekt und Plusquamperfekt

Der Konjunktiv Präsens, Imperfekt und Plusquamperfekt wird benutzt:

1. Im Hauptsatz:

- für den Imperativ aller Personen, außer der 2. Person Singular in bejahten Befehlen:

| | |
|---|---|
| **Ajude**-me, por favor! | *Helfen Sie mir bitte!* |
| **Estudem** português todos os dias! | *Lernen Sie (lernt) jeden Tag Portugiesisch!* |
| Não **faças** tanto barulho! | *Mach nicht so viel Krach!* |

▶ Kapitel 9 Der Imperativ, Seite 65.

- um Wünsche zu äußern:

| | |
|---|---|
| Que te **corra** tudo bem! | *Möge dir alles gut gelingen!* |
| **Viva** o Porto! | *Es lebe Porto!* |
| Diabo **seja** surdo, cego e mudo! | *Toi, toi, toi! (Der Teufel sei taub, blind und stumm!)* |

- nach **talvez** *(vielleicht)* und **oxalá** *(hoffentlich)*:

| | |
|---|---|
| Hoje talvez **telefone** ao meu irmão. | *Vielleicht rufe ich heute meinen Bruder an.* |
| Ela talvez **tivesse tido** outros planos, mas ficou em casa. | *Sie hatte vielleicht andere Pläne gehabt, ist aber zu Hause geblieben.* |
| Oxalá o tempo **esteja** bom no fim de semana! | *Hoffentlich ist das Wetter am Wochenende gut!* |

! Wenn **talvez** nach dem Verb steht, braucht man keinen Konjunktiv, sondern den Indikativ:

| | |
|---|---|
| **Escrevo**-te talvez na próxima semana. | *Ich schreibe dir vielleicht nächste Woche.* |

2. Im Nebensatz:

- wie im Deutschen in irrealen Bedingungssätzen:

| | |
|---|---|
| Se nós **vivêssemos** junto ao mar, seríamos mais felizes! | *Wenn wir am Meer leben würden, wären wir glücklicher!* |
| Não te veria, se não me **chamasses.** | *Ich würde dich nicht sehen, wenn du mich nicht gerufen hättest.* |
| Se eu **tivesse reservado** mesa, não haveria agora problemas. | *Wenn ich einen Tisch bestellt hätte, gäbe es jetzt keine Probleme.* |

► Kapitel 12 Der irreale Bedingungssatz, Seite 101.

- nach unpersönlichen Ausdrücken wie:

| | |
|---|---|
| **é bom/mau que** | *es ist gut/schlecht, dass* |
| **é possível/impossível que** | *es ist möglich/unmöglich, dass* |
| **é melhor/pior que** | *es ist besser/schlechter, dass* |
| **é sorte/pena que** | *es ist ein Glück/schade, dass* |
| **é preciso que** | *es ist notwendig, dass* |

| | |
|---|---|
| É bom que te **interesses** por línguas. | *Es ist gut, dass du dich für Sprachen interessierst.* |
| É pena que vocês **tenham** pouco tempo para estudar! | *Es ist schade, dass ihr wenig Zeit zum Lernen habt!* |
| Era preciso que **reservasses** o voo. | *Es wäre notwendig, dass du den Flug reservierst.* |

- nach Verben des Wollens, des Gefühls und der Notwendigkeit wie:

| | |
|---|---|
| **querer que** | *wollen, dass* |
| **pedir que** | *bitten, dass* |
| **preferir que** | *vorziehen, dass* |
| **esperar que** | *hoffen, dass* |
| **recear que** | *befürchten, dass* |
| **evitar que** | *vermeiden, dass* |

Quero que me **contes** toda a verdade. — *Ich will, dass du mir die ganze Wahrheit sagst.*

Esperamos que **volte** em breve. — *Wir hoffen, dass Sie bald zurückkommen.*

- nach bestimmten Konjunktionen wie:

| | |
|---|---|
| **para que / a fim de que** | *damit* |
| **(no) caso (que)** | *falls* |
| **antes que** | *bevor* |
| **embora** | *obwohl* |
| **mesmo que** | *selbst wenn* |
| **sem que** | *ohne dass* |

Ele tirou o casaco para que **possa** trabalhar melhor. — *Er zog die Jacke aus, damit er besser arbeiten kann.*

Embora **tivesse** pressa, esperei por ti. — *Obwohl ich es eilig hatte, wartete ich auf dich.*

## Der Konjunktiv Futur I

Die Formen des Konjunktivs Futur I (**futuro imperfeito do conjuntivo**) werden von der 3. Person Plural des einfachen Perfekts abgeleitet. Bei der 1. und 3. Person Singular werden keine Endungen angehängt, bei den übrigen Personen wird die Endung **-am** aller Konjugationen wie folgt ersetzt:

| | fal**ar** | viv**er** | abr**ir** |
|---|---|---|---|
| 3. Pers. Plural<br>Einfaches Perfekt | falar**am** | viver**am** | abrir**am** |
| eu<br>tu<br>você/ele/ela | falar<br>falar**es**<br>falar | viver<br>viver**es**<br>viver | abrir<br>abrir**es**<br>abrir |
| nós<br>vocês/eles/elas | falar**mos**<br>falar**em** | viver**mos**<br>viver**em** | abrir**mos**<br>abrir**em** |

Der Konjunktiv Futur I der wichtigsten Hilfsverben:

| | **ter** | **estar** | **ser/ir** | **haver** |
|---|---|---|---|---|
| 3. Pers. Plural<br>Einfaches Perfekt | tiver**am** | estiver**am** | for**am** | houver**am** |
| eu<br>tu<br>você/ele/ela | tiver<br>tiver**es**<br>tiver | estiver<br>estiver**es**<br>estiver | for<br>for**es**<br>for | <br><br>houver |
| nós<br>vocês/eles/elas | tiver**mos**<br>tiver**em** | estiver**mos**<br>estiver**em** | for**mos**<br>for**em** | |

Schön ist, dass diese Ableitung auch für die unregelmäßigen Verben gilt:

dar *(geben)* → deram → der, deres, der, dermos, derem
querer *(wollen)* → quiseram → quiser, quiseres, quiser, quisermos, quiserem
saber *(wissen)* → souberam → souber, souberes, souber, soubermos, souberem

## Der Gebrauch des Konjunktivs Futur I

Der Konjunktiv Futur I hat keine direkte Wiedergabe im Deutschen. Er drückt Möglichkeit, Wahrscheinlichkeit oder Unsicherheit einer Handlung in der Zukunft aus.

Der Konjunktiv Futur I wird benutzt:

- nach **se** *(wenn, falls)* in realen Bedingungssätzen:

  **Se** amanhã **chover**, fico em casa. — *Wenn es morgen regnet, bleibe ich zu Hause.*

  Não esperes por mim, **se** eu **estiver** atrasada. — *Warte nicht auf mich, wenn ich mich verspäte.*

▶ Kapitel 12 Der reale Bedingungssatz, Seite 100.

- nach bestimmten Konjunktionen, wenn sich die Handlung auf die Zukunft bezieht, wie:

| | |
|---|---|
| **quando** | *wenn* |
| **enquanto** | *während/solange* |
| **conforme** | *je nachdem, wie* |
| **como** | *wie* |
| **logo que** | *sobald* |
| **cada vez que** | *immer wenn* |

Quando **estiveres** cá, telefona-me. — *Wenn du hier bist, ruf mich an.*
Conforme o que o médico **disser**, decido-me. — *Je nachdem, was der Arzt sagt, entscheide ich mich.*

| | |
|---|---|
| Como vocês **quiserem** ... | *Wie ihr wollt ...* |
| Logo que eu **puder,** escrevo-te. | *Sobald ich kann, schreibe ich dir.* |

! Nach den Konjunktionen **logo que** und **cada vez que** kann auch der Konjunktiv Präsens verwendet werden.

- in Relativsätzen, die die Unbestimmtheit einer zukünftigen Handlung ausdrücken:

| | |
|---|---|
| Todos que **vierem** à festa são bem-vindos. | *Alle, die zum Fest kommen, sind willkommen.* |
| Quem **chegar** primeiro espera pelo outro. | *Wer zuerst ankommt, wartet auf den anderen.* |

- in festen Ausdrücken wie:

| | |
|---|---|
| seja como **for** | *wie dem auch sei* |
| seja o que **for** | *was es auch sein mag* |
| seja quem **for** | *wer es auch sei* |
| aconteça o que **acontecer** | *komme, was wolle* |
| custe o que **custar** | *koste es, was es wolle* |
| digam o que **disserem** | *was man auch sagen mag* |
| venha quem **vier** | *wer auch immer kommen mag* |

| | |
|---|---|
| Não me interessa, seja como **for** eu vou à festa. | *Es interessiert mich nicht, wie dem auch sei, ich gehe zum Fest.* |
| Digam o que **disserem** eu visto calças de ganga. | *Was man auch sagen mag, ich ziehe Jeans an.* |
| Custe o que **custar** vou trabalhar até à meia-noite. | *Koste es was es wolle, ich werde bis Mitternacht arbeiten.* |

## Der Infinitiv

Der Infinitiv (**infinitivo**) ist wie im Deutschen die Grund- oder Nennform der Verben. Seine Endung ist immer **-r.**

Der Infinitiv der drei Konjugationen hat die Endungen **-ar**, **-er** und **-ir.**

! Es gibt ein einziges Verb, das aus der Reihe tanzt, das Verb **pôr** *(setzen, stellen, legen)*. Es ist ein sehr unregelmäßiges Verb, bei dem es sich jedoch lohnt, fleißig zu üben. Erstens wird es im Portugiesischen sehr häufig gebraucht, zweitens gibt es viele Verben, die mithilfe eines Präfixes von ihm abgeleitet werden, wie **dispor** *(verfügen, anordnen)*, **propor** *(vorschlagen)*, **impor** *(auferlegen)*, **compor** *(zusammensetzen, zusammenstellen)* etc., die genauso konjugiert werden wie **pôr.**

▶ Übersicht der wichtigsten unregelmäßigen Verben im Anhang, Seite 120.

## Der unpersönliche Infinitiv

Der unpersönliche Infinitiv (**infinitivo impessoal**) entspricht dem Infinitiv im Deutschen. Er hat kein Subjekt.

Er wird gebraucht:

- als Verbalsubstantiv ohne Bezug auf ein bestimmtes Subjekt:

  **Estudar** é importante! — *Lernen ist wichtig!*

- als Imperativ:

  Por favor, não **pisar** o relvado! — *Bitte den Rasen nicht betreten!*

- als Ziel einer Handlung mit der Präposition **para** oder **a**, was im Deutschen in der Regel mit *um zu* wiedergegeben wird:

  Vou à Baixa para **comprar** um casaco. — *Ich gehe ins Stadtzentrum, um eine Jacke zu kaufen.*
  Telefona a **reservar** um quarto. — *Ruf an, um ein Zimmer zu bestellen.*

- nach Verben wie **querer** *(wollen)*, **poder** (*können, dürfen*), **dever** *(sollen)* etc.:

  Não posso **lavar** o meu carro. — *Ich kann mein Auto nicht waschen.*

- nach Verben, die bestimmte Präpositionen verlangen, wie:

| | |
|---|---|
| **gostar de** | *gerne haben / mögen* |
| **esquecer-se de** | *vergessen* |
| **alegrar-se de** | *sich freuen* |
| **aprender a** | *lernen (zu)* |

  Gosto tanto de **comer** peixe! — *Ich esse so gerne Fisch!*

- nach der Präposition **a** in einem Satz, der dem Gerundium entspricht:

  Ele disse-me adeus a **sorrir**. — *Er verabschiedete sich lachend von mir.*

► Kapitel 9 Das Gerundium, Seite 77.

- bei der Bildung von zusammengesetzten Substantiven:

  a máquina de **lavar** a roupa — *die Waschmaschine*
  a lâmina de **barbear** — *die Rasierklinge*

## Der persönliche Infinitiv

Der persönliche Infinitiv (**infinitivo pessoal**) ist eine ganz besondere Form des Infinitivs im Portugiesischen, der keine Entsprechung im Deutschen kennt. Es handelt sich um einen Infinitiv, der ein eigenes Subjekt hat, auch wenn es nicht ausgedrückt wird.

Zur Bildung des persönlichen Infinitivs werden folgende Endungen an den unpersönlichen Infinitiv angehängt:

| | fal**ar** | viv**er** | abr**ir** |
|---|---|---|---|
| eu<br>tu<br>você/ele/ela | falar<br>falar**es**<br>falar | viver<br>viver**es**<br>viver | abrir<br>abrir**es**<br>abrir |
| nós<br>vocês/eles/elas | falar**mos**<br>falar**em** | viver**mos**<br>viver**em** | abrir**mos**<br>abrir**em** |

! Bei den regelmäßigen Verben stimmen die Formen mit denen des Konjunktivs Futur I überein.

Unregelmäßigen Verben bekommen ebenfalls diese Endungen:

| | **ter** | **estar** | **ser** | **pôr** |
|---|---|---|---|---|
| eu<br>tu<br>você/ele/ela | ter<br>ter**es**<br>ter | estar<br>estar**es**<br>estar | ser<br>ser**es**<br>ser | pôr<br>por**es**<br>pôr |
| nós<br>vocês/eles/elas | ter**mos**<br>ter**em** | estar**mos**<br>estar**em** | ser**mos**<br>ser**em** | por**mos**<br>por**em** |

### Der Gebrauch des persönlichen Infinitivs

Die Konstruktion mit persönlichem Infinitiv ist einfach, klar und stilistisch schön. Man kann allerdings auch oft statt eines Infinitivsatzes mit persönlichem Infinitiv Nebensätze mit **que** und meistens einem Konjunktiv bilden:

**É pena** não **vires** hoje a minha casa.
**É pena que** não **venhas** hoje a minha casa.
} *Es ist schade, dass du heute nicht zu mir (nach Hause) kommst.*

Entscheidet man sich für eine Infinitivkonstruktion, gibt es Fälle, in denen der persönliche Infinitiv verwendet werden muss, und Fälle, in denen man zwischen dem persönlichen und dem unpersönlichen Infinitiv wählen kann.

Der persönliche Infinitiv *muss* verwendet werden:

- wenn die Subjekte des Haupt- und des Infinitivsatzes unterschiedlich sind. Sehr oft wird dieser Infinitivsatz von einer Präposition verlangt:

  Eu espero até (tu) **chegares.** — *Ich warte, bis du kommst.*
  Dê-nos tempo para (nós) **comermos** devagar. — *Geben Sie uns Zeit, langsam zu essen.*

- nach unpersönlichen Ausdrücken:

| | |
|---|---|
| **é bom/mau** | *es ist gut/schlecht (dass)* |
| **é possível/impossível** | *es ist möglich/unmöglich (dass)* |
| **é melhor/pior** | *es ist besser/schlechter (dass)* |
| **é sorte/pena** | *es ist ein Glück / schade (dass)* |
| **é preciso** | *es ist notwendig (dass)* |

| | |
|---|---|
| É melhor (nós) **festejarmos** o Natal em casa. | *Es ist besser, dass wir Weihnachten zu Hause verbringen.* |
| É possível (tu) **ires** a Florença este ano. | *Es ist möglich, dass du dieses Jahr nach Florenz fährst.* |

- nach bestimmten Konjunktionen (mit Präposition) wie:

| | |
|---|---|
| **antes de** | *bevor* |
| **depois de** | *nachdem* |
| **no caso de** | *falls* |
| **apesar de** | *obwohl* |

| | |
|---|---|
| Antes de **ires** embora, bebe um copinho de leite. | *Bevor du weggehst, trink ein Gläschen Milch.* |
| Apesar de (nós) não **bebermos** vinho, apreciamos um bom Porto. | *Obwohl wir keinen Wein trinken, schätzen wir einen guten Portwein.* |

Der persönliche Infinitiv *kann* verwendet werden:

- wenn die Subjekte des Haupt- und des Infinitivsatzes gleich sind und der Infinitivsatz durch eine Präposition bestimmt ist:

| | |
|---|---|
| Pensaste em **comprar/comprares** fruta? | *Hast du daran gedacht, Obst zu kaufen?* |
| Temos pena de não **sair/sairmos** hoje. | *Es tut uns Leid, heute nicht auszugehen.* |

- wenn die Subjekte des Haupt- und des Infinitivsatzes gleich sind und der Infinitivsatz durch die Präposition **a** mit dem bestimmten Artikel **o** eingeleitet wird, wodurch die Gleichzeitigkeit ausgedrückt wird:

| | |
|---|---|
| Ao **tocar/tocarmos** à porta vimos que estava aberta. | *Als wir an der Tür klingelten, sahen wir, dass sie offen war.* |
| Ficaste contente ao **ver/veres** o meu presente? | *Hast du dich gefreut, als du mein Geschenk sahst?* |

# Das Gerundium

Die Form des Gerundiums I (**gerúndio simples**) ist sehr einfach und, man höre und staune, es gibt keine Ausnahmen! Trotzdem ist es nicht ganz leicht, das Gerundium ins Deutsche zu übersetzen, denn das Deutsche kennt kein Gerundium.

Das Gerundium wird vom Infinitiv abgeleitet. Die Endung **-r** wird durch **-ndo** ersetzt:

| | | | |
|---|---|---|---|
| fala**r** | fala**ndo** | te**r** | te**ndo** |
| vive**r** | vive**ndo** | se**r** | se**ndo** |
| abri**r** | abri**ndo** | esta**r** | esta**ndo** |

## Der Gebrauch des Gerundiums

Die Gerundiumkonstruktion wird eher in der Schriftsprache als im gesprochenen Portugiesischen benutzt.

Das Gerundium wird benutzt:

- nach der Präposition **em** zum Ausdruck einer Handlung, die Voraussetzung für eine andere Handlung ist:

  Em **chegando** a casa, vou logo para a cama. — *Sobald ich zu Hause ankomme, gehe ich gleich ins Bett.*
  Chamas-me, em **começando** o filme? — *Rufst du mich, sobald der Film beginnt?*

- ohne Präposition zum Ausdruck von Zeit, Art und Weise, Grund, Bedingung etc.:

  **Vendo** o sinal vermelho, ele parou. — *Als er die rote Ampel sah, hielt er an.*
  Ela ouvia música **sorrindo**. — *Sie hörte lächelnd Musik.*
  **Estando** com fome, comi um pãozinho. — *Da ich Hunger hatte, aß ich ein Brötchen.*
  **Saindo** cedo, as estradas ainda estão livres. — *Wenn man früh aus dem Haus geht, sind die Straßen noch frei.*

  Für die Übersetzung ins Deutsche sind Sätze, die mit *als, da, wenn, indem, während* etc. eingeleitet werden, sehr hilfreich!

- im brasilianischen Portugiesisch zum Ausdruck der Verlaufsform. Diese bildet man aus dem Verb **estar** + Gerundium:

  Estou **preparando** a lição para amanhã. — *Ich bereite gerade den Unterricht für morgen vor.*

  Im europäischen Portugiesisch wird die Verlaufsform mit dem Verb **estar** + Präposition **a** + Infinitiv des Hauptverbs gebildet:

  Estou **a preparar** a lição para amanhã. — *Ich bereite gerade den Unterricht für morgen vor.*

► Kapitel 13 Die brasilianische Variante, Seite 108.

# Das Partizip

Das Partizip Perfekt (**particípio passado** oder **perfeito**) ist in seiner regelmäßigen Form sehr einfach zu bilden. An den Verbstamm werden die Endungen **-ado** für die 1. und **-ido** für die 2. und 3. Konjugation angehängt:

| | | |
|---|---|---|
| **-ar** | falar | fal**ado** |
| **-er** | viver | viv**ido** |
| **-ir** | partir | part**ido** |

Diese Regel gilt ebenfalls für die unregelmäßigen Verben.

| | | | |
|---|---|---|---|
| ter | **tido** | haver | hav**ido** |
| ser | **sido** | ir | **ido** |
| estar | est**ado** | querer | quer**ido** |

Es gibt aber auch unregelmäßige Partizipien wie:

| | | | |
|---|---|---|---|
| abrir | *öffnen* | **aberto** | *geöffnet* |
| cobrir | *be-, zudecken* | **coberto** | *bedeckt, zugedeckt* |
| dizer | *sagen* | **dito** | *gesagt* |
| escrever | *schreiben* | **escrito** | *geschrieben* |
| fazer | *machen* | **feito** | *gemacht* |
| pôr | *setzen, stellen, legen* | **posto** | *gesetzt, gestellt, gelegt* |
| ver | *sehen* | **visto** | *gesehen* |
| vir | *kommen* | **vindo** | *gekommen* |

! Die von diesen Verben abgeleiteten Verben bilden das Partizip identisch: **descobrir** – **descoberto** *(entdecken)* etc.

Ein große Anzahl von Verben haben eine Doppelform für das Partizip: eine regelmäßige und eine unregelmäßige.

Eine kleine Auswahl der Verben mit Doppelpartizip:

| | | regelmäßig | unregelmäßig |
|---|---|---|---|
| aceitar | *annehmen* | **aceitado** | **aceite** |
| acender | *anzünden* | **acendido** | **aceso** |
| confundir | *verwechseln* | **confundido** | **confuso** |
| corrigir | *korrigieren* | **corrigido** | **corre(c)to** |
| encher | *füllen* | **enchido** | **cheio** |

| | | | |
|---|---|---|---|
| entregar | *abgeben* | **entregado** | **entregue** |
| exprimir | *ausdrücken* | **exprimido** | **expresso** |
| ganhar * | *gewinnen, verdienen* | **ganhado *** | **ganho** |
| gastar * | *ausgeben* | **gastado *** | **gasto** |
| imprimir | *drucken* | **imprimido** | **impresso** |
| juntar | *zusammenbringen* | **juntado** | **junto** |
| limpar | *putzen* | **limpado** | **limpo** |
| pagar * | *bezahlen* | **pagado *** | **pago** |
| romper | *zerreißen* | **rompido** | **roto** |
| secar | *trocknen* | **secado** | **seco** |

Die regelmäßigen Partizipien mit * werden heute fast nicht mehr benutzt.

Die Form **aceite** wird im europäischen Portugiesisch verwendet. Im brasilianischen Portugiesisch wird dafür **aceito** gebraucht.

## Der Gebrauch des Partizips Perfekt

Das Partizip Perfekt bleibt in bestimmten Fällen unverändert, in anderen muss es in Geschlecht und Zahl dem Bezugswort angepasst werden.

### Unveränderliches Partizip

Das Partizip bleibt unverändert, wenn es benutzt wird:

- in Verbindung mit dem Hilfsverb **ter** in den zusammengesetzten Zeiten:

| | |
|---|---|
| Até agora tudo tem **corrido** bem. | *Bis jetzt ist alles gut gelaufen.* |
| Nós já tínhamos **entregado** a carta há muito tempo. | *Wir hatten den Brief schon lange abgegeben.* |
| Eles terão **ido** para férias? | *Ob sie in Urlaub gegangen sind?* |

Im brasilianischen Portugiesisch wird das Partizip auch in Verbindung mit dem Verb **haver** in zusammengesetzten Zeiten benutzt, jedoch eher in der Schriftsprache.

Zur Bildung der zusammengesetzten Zeiten wird die regelmäßige Form des Doppelpartizips verwendet.

### Veränderliches Partizip

Das Partizip passt sich in Geschlecht und Zahl dem dazugehörigen Subjekt oder Substantiv an, wenn es benutzt wird:

- zur Bildung des Passivs:

| | |
|---|---|
| O livro foi **impresso** em Portugal. | *Das Buch wurde in Portugal gedruckt.* |
| As toalhas foram **secas** pelo vento. | *Die Handtücher wurden vom Wind getrocknet.* |
| Os formulários foram **entregues** por ti? | *Wurden die Formulare von dir abgegeben?* |

▶ Kapitel 9 Das Passiv, Seite 81.

- als Adjektiv in attributiver Funktion:

| | |
|---|---|
| Uma fadista muito **conhecida**! | *Eine sehr bekannte Fado-Sängerin!* |
| Não gosto de roupa **usada**. | *Ich mag gebrauchte Kleidung nicht.* |

! In attributiver Funktion verwendete Partizipien stehen immer nach dem dazugehörigen Substantiv.

- als Adjektiv in prädikativer Funktion mit Verben wie **estar**, **andar**, **ficar**:

| | |
|---|---|
| A mesa está **coberta** de pó. | *Der Tisch ist mit Staub bedeckt.* |
| Eles andam **preocupados**. | *Sie sind zur Zeit besorgt.* |
| Eu fiquei mesmo **admirada**! | *Ich war wirklich erstaunt!* |
| Este prato está **limpo**? | *Ist dieser Teller sauber?* |

- als reine Partizipialkonstruktion, die einen Nebensatz ersetzt:

| | |
|---|---|
| **Passadas** as férias, voltámos ao trabalho. | *Als der Urlaub vorbei war, gingen wir zurück an die Arbeit.* |
| **Acabado** o jantar, foram todos embora. | *Nachdem das Abendessen zu Ende war, gingen alle weg.* |
| **Aceso** o lume, sentei-me no sofá. | *Als das Feuer angezündet war, setzte ich mich aufs Sofa.* |

! In allen diesen Fällen wird – soweit vorhanden – die unregelmäßige Form des Doppelpartizips verwendet.

# Das Passiv

Das Passiv (**voz passiva**) wird mit dem Hilfsverb **ser** und dem Partizip Perfekt des Hauptverbs gebildet.

Hier ist das Partizip Perfekt veränderlich, d. h. es richtet sich in Geschlecht und Zahl nach dem zugehörigen Subjekt. Die benutzte Form des Partizips ist die unregelmäßige, wenn vorhanden.

Der Urheber des Passivs wird in der Regel von der Präposition **por** begleitet. Diese Präposition steht gegebenenfalls in der mit dem (danach kommenden) bestimmten Artikel verschmolzenen Form.

| | |
|---|---|
| As receitas **foram escritas por** eles? | *Wurden die Rezepte von ihnen geschrieben?* |
| O quarto **terá sido reservado por** ela. | *Das Zimmer wird wohl von ihr reserviert worden sein.* |
| O plano **seria feito pelo** arquite(c)to. | *Der Plan würde vom Architekten gemacht werden.* |

▶ Kapitel 9 Das Partizip, Seite 78.
▶ Kapitel 2 Der Artikel, Verschmelzung mit Präpositionen, Seite 16.

Wenn der Urheber des Passivs nicht angegeben wird, kann das Passiv durch die reflexive Konstruktion mit **se** gebildet werden, und zwar in der 3. Person Singular oder Plural. Die Verbform richtet sich in der Zahl nach dem zugehörigen Substantiv:

| | |
|---|---|
| No Brasil bebe-**se** muito café. | *In Brasilien trinkt man viel Kaffee / wird viel Kaffee getrunken.* |
| Vendem-**se** terrenos. | *Grundstücke zu verkaufen. / Es werden Grundstücke verkauft.* |

▶ Kapitel 7 Wiedergabe des deutschen Pronomens *man*, Seite 44.

# Wiedergabe der deutschen Modalverben im Portugiesischen

Im Portugiesischen stehen die Verben **poder**, **saber**, **dever**, **querer** und **ter que/de** zur Verfügung, um die deutschen Modalverben wiederzugeben.

## Können

1. **poder**
   Drückt eine Fähigkeit oder Möglichkeit aus:

   Ele **pode** carregar as malas. — *Er kann die Koffer tragen.*
   **Podes** acordar-me amanhã? — *Kannst du mich morgen wecken?*

2. **saber**
   Drückt eine Fähigkeit aus, die man erlernt hat:

   Você **sabe** falar português? — *Können Sie Portugiesisch sprechen?*
   Nós **sabemos** cantar. — *Wir können singen.*

## Dürfen

1. **poder**
   Drückt die Erlaubnis aus:

   Desculpe, **posso** abrir a janela? — *Entschuldigung, darf ich das Fenster öffnen?*

2. **dever**
   Drückt eine Vermutung, Annahme aus:

   Tu **deves** estar muito cansado! — *Du dürftest sehr müde sein!*

   **não dever**
   Drückt ein Verbot aus:

   **Não devemos** pisar a relva. — *Wir dürfen den Rasen nicht betreten.*

## Sollen

**dever**

Ele **deve** estudar mais. — *Er soll mehr lernen.*
Eu **devia** ir ao médico. — *Ich sollte zum Arzt gehen.*

## Müssen

1. **ter que/de**
   Drückt einen Zwang oder eine Notwendigkeit aus:

   Vocês **têm de** pagar a conta. — *Ihr müsst die Rechnung bezahlen.*
   **Tenho que** ir para casa. — *Ich muss nach Hause gehen.*

! Nach dem Verb **ter** kann beliebig **que** oder **de** benutzt werden.

2. **dever**
Drückt eine Vermutung, eine Annahme aus:

| | |
|---|---|
| A esta hora ele já **deve** estar a dormir. | *Um diese Zeit muss er wohl schon schlafen.* |

## Wollen

**querer**

| | |
|---|---|
| Eu **quero** ir de carro. | *Ich will mit dem Auto fahren.* |
| **Queres** ir comigo ao cinema? | *Willst du mit mir ins Kino gehen?* |

! Das Verb **querer** ist nicht so hart wie das deutsche *wollen*.

## Mögen

**querer**

| | |
|---|---|
| Ele não **quer** mais café. | *Er mag keinen Kaffee mehr.* |
| **Quer** deixar notícia? | *Möchten Sie eine Nachricht hinterlassen?* |
| **Queria** reservar um quarto. | *Ich möchte ein Zimmer reservieren.* |

# 10 As preposições – Die Präpositionen

Der Gebrauch der verschiedenen portugiesischen Präpositionen deckt sich nicht unbedingt mit dem der deutschen Präpositionen. Das erkennt man schon daran, dass einige portugiesische Präpositionen im Deutschen mehrere Übersetzungsmöglichkeiten haben.

Von der Form her unterscheidet man zwischen einfachen Präpositionen und präpositionalen Ausdrücken, auch zusammengesetzte Präpositionen genannt.

## Die einfachen Präpositionen

Die wichtigsten einfachen Präpositionen sind:

### a *nach, zu, um*

wird benutzt:

- nach Verben der Bewegung wie **ir** *(gehen, fahren)*, **vir** *(kommen)*, **voltar** *(zurückkommen)*, wenn der Aufenthalt am Ziel – subjektiv – relativ kurz ist:

| | |
|---|---|
| Quando vais **ao** teatro? | *Wann gehst du ins Theater?* |
| Tenho que voltar **à** escola. | *Ich muss zurück in die Schule.* |
| Ele vem sempre **a** casa almoçar. | *Er kommt immer nach Hause zum Mittagessen.* |

- als Begleiter des Dativobjekts:

| | |
|---|---|
| Dei um beijo **aos** meus filhos. | *Ich gab meinen Kindern einen Kuss.* |
| Ele emprestou o livro **à** professora. | *Er lieh der Lehrerin das Buch.* |

- bei Zeitangaben:

| | |
|---|---|
| O jogo começa **às** 16.00 horas. | *Das Spiel beginnt um 16 Uhr.* |
| Ela trabalha até **ao** meio-dia. | *Sie arbeitet bis (um) zwölf Uhr mittags.* |
| Fiquei na praia até **ao** pôr do sol. | *Ich blieb bis zum Sonnenuntergang am Strand.* |

- bei der Verlaufsform:

| | |
|---|---|
| Estás **a** estudar? | *Lernst du gerade?* |

- nach einer Reihe von Verben, Adjektiven, Substantiven und Adverbien wie:

| | |
|---|---|
| **agradar a** | *jdm gefallen* |
| **chegar a** | *ankommen (in)* |
| **pedir a** | *jdn bitten* |

| | |
|---|---|
| **pertencer a** | *jdm gehören* |
| **telefonar a** | *jdn anrufen* |
| **igual a** | *gleich* |
| **acostumado a** | *gewohnt, gewöhnt (an)* |
| **correspondente a** | *entsprechend* |
| **contrariamente a** | *im Gegensatz zu* |
| **a visita a** | *der Besuch (bei, in)* |

| | |
|---|---|
| Esta pasta **pertence ao** meu chefe. | *Dieser Aktenkoffer gehört meinem Chef.* |
| Ele está **acostumado a** chá. | *Er ist Tee gewohnt.* |
| A visita **ao** museu foi guiada. | *Der Museumsbesuch war geführt.* |

Die Präposition **a** wird im gesprochenen brasilianischen Portugiesisch oft durch die Präposition **em** ersetzt:

| | |
|---|---|
| Eles vão **no** restaurante | *Sie gehen ins Restaurant.* |

Die Präposition **a** verschmilzt mit den nachfolgenden bestimmten Artikeln und den Demonstrativpronomen **aquele**, **aquela** etc.

▶ Kapitel 2 Der Artikel, Verschmelzung mit Präpositionen, Seite 16.
▶ Kapitel 7 Die Demonstrativpronomen, Verschmelzung mit Präpositionen, Seite 46.

## de *von, aus*

wird benutzt:

- zur Bezeichnung der Herkunft:

| | |
|---|---|
| A minha amiga é **de** Rottweil. | *Meine Freundin ist aus Rottweil.* |
| Cheguei ontem **do** Porto. | *Ich bin gestern aus Porto gekommen.* |

- zur Bildung des Genitivs:

| | |
|---|---|
| Ele vestiu o casaco **do** meu filho. | *Er zog die Jacke meines Sohnes an.* |
| A Avenida **da** Liberdade é em Lisboa. | *Die Allee der Freiheit ist in Lissabon.* |

- für Transportmittel, wenn diese nicht näher bezeichnet sind:

| | |
|---|---|
| Vocês gostam de andar **de** bicicleta? | *Fahrt ihr gern Rad?* |
| Fomos **de** táxi para o aeroporto. | *Wir sind mit dem Taxi zum Flughafen gefahren.* |
| *aber:* | |
| Hoje vou **na** bicicleta do meu irmão. | *Ich fahre heute mit dem Rad meines Bruders.* |
| Vou **no** avião das cinco. | *Ich fliege mit der Fünf-Uhr-Maschine.* |

- für die Bildung zusammengesetzter Wörter:

| | |
|---|---|
| Queria um gelado **de** morango. | *Ich möchte ein Erdbeereis.* |
| Compraste lenços **de** papel? | *Hast du Papiertaschentücher gekauft?* |
| Aluguei uma casa **de** férias. | *Ich habe ein Ferienhaus gemietet.* |

- bei Mengenangaben:

| | |
|---|---|
| Dê-me uma dúzia **de** ovos. | *Geben Sie mir ein Dutzend Eier.* |
| O bolo leva 250 gramas **de** margarina. | *Im Kuchen sind 250 Gramm Margarine.* |

- nach einer Reihe von Verben wie:

| | |
|---|---|
| **depender de** | *abhängen von* |
| **duvidar de** | *zweifeln an* |
| **gostar de** | *mögen, gerne haben* |
| **lembrar-se de** | *sich erinnern an* |
| **precisar de** | *brauchen* |

| | |
|---|---|
| Não me **lembro do** código postal. | *Ich erinnere mich nicht an die Postleitzahl.* |
| Isso **depende da** situação. | *Das hängt von der Lage ab.* |

Die Präposition **de** verschmilzt mit den nachfolgenden bestimmten und unbestimmten Artikeln sowie mit den Personalpronomen **ele/ela**, **eles/elas** und den Demonstrativpronomen **este**, **esse**, **aquele** etc.

▶ Kapitel 2 Der Artikel, Verschmelzung mit Präpositionen, Seite 16.
▶ Kapitel 7 Die Personalpronomen nach Präpositionen, Seite 42, und
Die Demonstrativpronomen, Verschmelzung mit Präpositionen, Seite 46.

## em *in, an, auf, bei*

wird benutzt:

- nach Verben der Ruhe wie **estar** *(sein, sich befinden)*, **ficar** *(bleiben)*:

| | |
|---|---|
| Nós estamos **no** correio. | *Wir sind auf der Post.* |
| Marcaste a mesa **no** restaurante? | *Hast du den Tisch im Restaurant bestellt?* |
| Nós hoje ficamos **em** casa. | *Wir bleiben heute zu Hause.* |

- zur Angabe eines Zeitpunkts oder eines Zeitraums:

| | |
|---|---|
| O meu filho nasceu **em** 1983. | *Mein Sohn wurde (im Jahr) 1983 geboren.* |
| **No** sábado vamos ao mercado. | *Am Samstag gehen wir zum Markt.* |
| Nós fizemos as compras **em** uma hora. | *Wir haben die Einkäufe in einer Stunde erledigt.* |

- nach einer Reihe von Verben wie:

| | |
|---|---|
| **entrar em** | *eintreten in* |
| **meter em** | *stecken in* |
| **pegar em** | *ergreifen, nehmen* |
| **pensar em** | *denken an* |

| | |
|---|---|
| Não entres **no** escritório sem bater à porta. | *Geh nicht ins Büro, ohne an die Tür zu klopfen.* |
| Peguei **na** mala e fui embora. | *Ich nahm den Koffer und ging weg.* |

Die Präposition **em** verschmilzt mit den nachfolgenden bestimmten und unbestimmten Artikeln sowie mit den Personalpronomen **ele/ela**, **eles/elas** und den Demonstrativpronomen **este**, **esse**, **aquele** etc.

▶ Kapitel 2 Der Artikel, Verschmelzung mit Präpositionen, Seite 16.
▶ Kapitel 7 Die Personalpronomen nach Präpositionen, Seite 42, und
Die Demonstrativpronomen, Verschmelzung mit Präpositionen, Seite 46.

## por *für, durch, von, aus, pro*

bezeichnet:

- eine Ortsangabe:

| | |
|---|---|
| Ele foi **pela** auto-estrada. | *Er fuhr (auf der) Autobahn.* |
| Gosto de andar **pelo** parque. | *Ich gehe gerne durch den Park.* |

- den Urheber beim Passiv:

| | |
|---|---|
| Este carro foi comprado **por** nós. | *Dieses Auto wurde von uns gekauft.* |
| A salsicha foi comida **pelo** cão? | *Wurde das Würstchen vom Hund gefressen?* |

- den Grund, das Mittel, die Weise:

| | |
|---|---|
| Não vou passear **por** falta de tempo. | *Ich gehe aus Zeitmangel nicht spazieren.* |
| Escreve-me **por** correio ele(c)tró(ô)nico. | *Schreib mir per E-Mail.* |

- die Aufteilung:

| | |
|---|---|
| Tiro férias três vezes **por** ano. | *Ich nehme dreimal im Jahr Urlaub.* |
| A entrada custa 10 Euros **por** pessoa. | *Der Eintritt kostet 10 Euro pro Person.* |

- wird verwendet nach einer Reihe von Verben wie:

| | |
|---|---|
| **apaixonar-se por** | *sich verlieben in* |
| **esperar por** | *warten, hoffen auf* |
| **lutar por** | *kämpfen für* |
| **passar por** | *vorbeigehen an* |

| | |
|---|---|
| Esperamos **por** notícias dele. | *Wir hoffen (warten) auf Nachrichten von ihm.* |
| Ele apaixonou-se **por** ela. | *Er verliebte sich in sie.* |

Die Präposition **por** verschmilzt mit den ihr folgenden bestimmten Artikeln.

▶ Kapitel 2 Der Artikel, Verschmelzung mit Präpositionen, Seite 16.

! Präpositionen mit dem Wort **casa** *(Haus)* werden immer ohne Verschmelzung gebraucht, da der bestimmte Artikel nicht verwendet wird:

| | |
|---|---|
| estar **em** casa | *zu Hause sein* |
| ficar **em** casa | *zu Hause bleiben* |
| ir **a** casa | *kurz nach Hause gehen* |
| passar **por** casa | *zu Hause vorbei gehen* |

## para *für, nach, um zu*

wird benutzt:

- nach Verben der Bewegung wie **ir** *(gehen, fahren)*, **vir** *(kommen)*, **voltar** *(zurückkommen)*, wenn der Aufenthalt am Ziel – subjektiv – relativ lang ist:

| | |
|---|---|
| Tenciona voltar **para** o Brasil? | *Haben Sie vor, nach Brasilien zurückzukehren?* |
| Depois do trabalho vou **para** casa. | *Nach der Arbeit gehe ich nach Hause.* |

- zur Angabe von Absicht, Zweck, Bestimmung:

| | |
|---|---|
| Comprei um CD **para** nós. | *Ich habe eine CD für uns gekauft.* |
| Vou dar uma volta **para** tomar ar fresco. | *Ich drehe eine Runde, um frische Luft zu schnappen.* |

- nach einer Reihe von Verben wie:

| | |
|---|---|
| **partir para** | *abreisen nach* |
| **seguir para** | *weiterfahren nach* |
| **traduzir para** | *ins ... übersetzen* |
| **não estar para** | *keine Lust haben zu* |

| | |
|---|---|
| Amanhã partimos **para** Berlim. | *Morgen reisen wir nach Berlin (ab).* |
| Não estou **para** me aborrecer! | *Ich habe keine Lust, mich zu ärgern!* |

Die Präpositionen **por** und **para** mit der Bedeutung *für* werden oft von Nicht-Muttersprachlern verwechselt. Und Kenntnisse der französischen Sprache sind für dieses Problemchen ausnahmsweise auch nicht von Vorteil ...

Denken Sie daran:
Hinter **por** steckt ein gefühlsmäßiger Beweggrund;
hinter **para** steckt nur Zweck und Bestimmung ohne gefühlsmäßige Einstellung.

| | |
|---|---|
| **Por** ti eu iria até ao fim do mundo! | *Für dich würde ich bis ans Ende der Welt gehen!* |
| Obrigado **pelo** teu convite! | *Danke für deine Einladung!* |
| Trouxe estas flores **para** ti. | *Ich habe diese Blumen für dich mitgebracht.* |
| Estes bolos são **para** nós. | *Diese Kuchen sind für uns.* |

## desde *seit, von ... an*

bezeichnet:

- den Anfang einer Handlung, bezogen auf den Raum:

| | |
|---|---|
| **Desde** o Norte até ao Sul. | *Von Norden bis Süden.* |

- den Anfang einer Handlung, bezogen auf die Zeit:

| | |
|---|---|
| Ela trabalha na universidade **desde** Junho de 2000. | *Sie arbeitet seit Juni 2000 an der Universität.* |
| Já não o vejo **desde** o ano passado. | *Ich habe ihn seit vorigem Jahr nicht mehr gesehen.* |

**Desde** bezieht sich nur auf einen Zeitpunkt. Wird kein Anfangspunkt (Datum, Tag, Jahr, Monat etc.) genannt, handelt es sich um einen Zeitraum. Dann muss das deutsche *seit* mit der 3. Person Singular des Verbs **haver** (**há** oder in einer anderen Zeit) ausgedrückt werden.

| | |
|---|---|
| Vivo no campo **desde** 1994. | *Ich lebe seit 1994 auf dem Land.* |
| *aber:* Vivo no campo **há** dez anos. | *Ich lebe seit zehn Jahren auf dem Land.* |
| Ele estuda português **desde** Janeiro. | *Er lernt seit Januar Portugiesisch.* |
| *aber:* Ele estuda português **há** um semestre. | *Er lernt seit einem Semester Portugiesisch.* |

## Übersicht der einfachen Präpositionen

| | | | |
|---|---|---|---|
| **a** | *nach, zu, um* | **entre** | *zwischen, unter* |
| **até** | *bis* | **para** | *für, nach, um zu* |

| | | | |
|---|---|---|---|
| **com** | *mit* | **perante** | *vor, angesichts* |
| **contra** | *gegen* | **por** | *für, durch, von, aus* |
| **de** | *von, aus* | **sem** | *ohne* |
| **desde** | *seit* | **sob** | *unter* |
| **em** | *in, an, auf, bei* | **sobre** | *auf, über* |

## Die zusammengesetzten Präpositionen

Es gibt eine ganze Reihe präpositionaler Ausdrücke, die im Gebrauch jedoch keine Schwierigkeiten bereiten. Nachfolgend eine Auswahl der wichtigsten:

| | | | |
|---|---|---|---|
| **ao pé de** | *neben* | **dentro de** | *innerhalb von* |
| **além de** | *außer* | **fora de** | *außerhalb von* |
| **antes de** | *vor (zeitl.)* | **em frente de** | *gegenüber* |
| **depois de** | *nach (zeitl.)* | **atrás de** | *hinter* |
| **em cima de** | *oberhalb, oben* | **em vez de** | *statt* |
| **em baixo de** | *unterhalb, unten* | **a fim de** | *um ... zu* |
| **por causa de** | *wegen* | **quanto a** | *was betrifft* |
| **longe de** | *weit von* | **à (em) volta de** | *um ... herum* |
| **perto de** | *nahe bei* | **em casa de** | *bei* |
| **a partir de** | *ab* | **através de** | *(hin)durch* |

**Depois do** almoço ele toma sempre café. — *Nach dem Mittagessen trinkt er immer Espresso.*
**Em vez de** rosas comprei cravos. — *Statt Rosen kaufte ich Nelken.*
A escola é **perto da** estação. — *Die Schule liegt nahe beim Bahnhof.*
Espero por ti **dentro do** restaurante. — *Ich warte (drinnen) im Restaurant auf dich.*

! *um ... zu* kann auf zwei Arten ausgedrückt werden:

1. eher in der Schriftsprache:

   Escrevo-lhe **a fim de** reservar um quarto. — *Ich schreibe Ihnen, um ein Zimmer zu reservieren.*

2. eher im gesprochenen Portugiesisch:

   Telefono-lhe **para** reservar um quarto. — *Ich rufe Sie an, um ein Zimmer zu reservieren.*

# Präpositionen, die vom Verb abhängen

Im Portugiesischen gibt es wie im Deutschen Verben, die eine oder mehrere bestimmte Präpositionen verlangen. Diese Parallele ist an sich erfreulich, das Problem ist nur, dass die Präpositionen nicht immer übereinstimmen ... Um etwas Licht in diese Angelegenheit zu bringen, finden Sie hier eine Zusammenfassung der häufigsten Verben mit Präpositionen.

Bei den Präpositionen **a**, **de**, **em**, **por**, **para**, die ausführlich bei den einfachen Präpositionen behandelt werden, wird jeweils an letzter Stelle eine kleine Reihe von Verben vorgestellt, die von der entsprechenden Präposition begleitet sind. Diese werden hier nicht wiederholt.

▶ Kapitel 10 Die einfachen Präpositionen, Seite 84.

Weitere Verben mit Präpositionen:

| | |
|---|---|
| **agradecer a/por** | *jdm/für etw. danken* |
| **alegrar-se com** | *sich freuen über* |
| **casar(-se) com** | *jdn heiraten* |
| **concordar com** | *einverstanden sein mit* |
| **contar com** | *rechnen mit/auf* |
| **decidir-se a/por** | *sich entscheiden zu/für* |
| **falar de/sobre** | *sprechen von/über* |
| **servir de/para** | *dienen als/zu* |
| **sonhar com** | *träumen von* |
| **trocar de/por** | *wechseln/tauschen gegen* |

Es gibt ein paar Verben, die Nicht-Muttersprachler besonders tückisch finden. Mit Recht, denn je nachdem mit welcher Präposition sie stehen, ändert sich ihre Bedeutung. Nachfolgend ein Beispiel, nicht um Sie zu erschrecken, sondern nur damit Sie wissen, wovon die Rede ist ...

Das Verb **dar** *(geben)* und seine begleitenden Präpositionen:

| | | | |
|---|---|---|---|
| 1. | dar | **a** | *jdm geben (Dativobjekt)* |
| 2. | dar | **a** | *bewegen, wedeln* |
| 3. | dar | **com** | *stoßen auf, (vor)finden, treffen* |
| 4. | dar | **de si** | *nachgeben (Material), sich dehnen* |
| 5. | dar | **em** | *werden zu, gegen etw. stoßen* |
| 6. | dar | **para** | *hingehen zu, geeignet sein, reichen für* |
| 7. | dar | **por** | *merken, hören auf* |
| 8. | dar-se | **com** | *verkehren mit, auskommen mit* |
| 9. | dar-se | **em** | *sich (gut/schlecht) fühlen, gedeihen* |

| | |
|---|---|
| 1. Nós **damos** leite **ao** gatinho. | *Wir geben dem Kätzchen Milch.* |
| 2. O cão **dava ao** rabo de alegria. | *Der Hund wedelte vor Freude mit dem Schwanz.* |
| 3. Fui **dar com** ele escondido. | *Ich fand ihn versteckt vor.* |
| 4. Sapatos de couro **dão de si**. | *Lederschuhe dehnen sich.* |
| 5. Tu ainda **dás em** maluco! | *Du wirst noch verrückt!* |
| 6. A varanda **dá para** o mar. | *Der Balkon geht zum Meer hinaus.* |
| 7. Eu não **dei por** que chegaste. | *Ich merkte nicht, dass du ankamst.* |
| 8. Ele **dá-se** bem **com** os vizinhos. | *Er kommt mit den Nachbarn gut aus.* |
| 9. As flores **dão-se** bem **na** Madeira. | *Die Blumen gedeihen auf Madeira.* |

Und wenn Sie das beherrschen, stehen Sie mit der portugiesischen Sprache auf Du und Du!

# 11 As conjunções – Die Konjunktionen

Mit Konjunktionen kann man Sätze oder Satzteile verbinden.
Es gibt nebenordnende (koordinierende) und unterordnende (subordinierende) Konjunktionen. Beide sind unveränderlich.

## Die nebenordnenden Konjunktionen

Die nebenordnenden Konjunktionen verbinden gleichrangige Sätze miteinander. Zu ihnen zählen u. a.:

| | | | |
|---|---|---|---|
| **apesar disso** | *trotzdem* | **ou ... ou** | *entweder ... oder* |
| **e** | *und* | **pois** | *also, denn* |
| **mas** | *aber, sondern* | **por isso** | *deshalb* |
| **nem** | *und (auch) nicht* | **portanto** | *also* |
| **nem ... nem** | *weder ... noch* | **quer ... quer** | *sei es ... sei es* |
| **no entanto** | *dennoch* | **senão** | *sonst* |
| **ou** | *oder* | **tanto ... como** | *sowohl ... als auch* |

| | |
|---|---|
| Está a chover, **apesar disso** vou sair. | *Es regnet, trotzdem gehe ich aus.* |
| Hoje está sol **e** calor! | *Heute ist es sonnig und heiß!* |
| Vou trabalhar, **mas** só mais tarde. | *Ich gehe arbeiten, aber erst später.* |
| Ele não bebe cerveja **nem** vinho. | *Er trinkt kein Bier und auch nicht Wein.* |
| Não temos despertador, **nem** ela **nem** eu. | *Wir haben keinen Wecker, weder sie noch ich.* |
| Não gosto muito de laranjas, **no entanto** como-as. | *Ich mag Orangen nicht sehr gerne, dennoch esse ich sie.* |
| Vamos de carro **ou** de bicicleta? | *Fahren wir mit dem Auto oder mit dem Rad?* |
| **Ou** compro salmão **ou** linguado. | *Ich kaufe entweder Lachs oder Seezunge.* |
| Foi, **pois**, um problema! | *Es war also ein Problem!* |
| Ele teve que trabalhar, **por isso** chegou tarde. | *Er musste arbeiten, deshalb kam er spät.* |
| Estamos cansados, **portanto** não saímos. | *Wir sind müde, also gehen wir nicht aus.* |
| **Quer** venhas **quer** não, eu vou ao cinema. | *Ob du kommst oder nicht, ich gehe ins Kino.* |
| Vai para a cama, **senão** adormeces em pé! | *Geh ins Bett, sonst schläfst du im Stehen ein!* |
| **Tanto** o sábado **como** o domingo foram agradáveis. | *Sowohl der Samstag als auch der Sonntag waren angenehm.* |

! **quer ... quer** steht immer mit dem Konjunktiv.

## Die unterordnenden Konjunktionen

Die unterordnenden Konjunktionen verbinden Haupt- und Nebensätze miteinander.

Mit dem Konjunktiv verwendet werden u. a:

| | | | |
|---|---|---|---|
| **a fim de que** | *damit* | **embora** | *obwohl* |
| **a não ser que** | *es sei denn* | **mesmo que** | *selbst wenn* |
| **antes que** | *bevor* | **para que** | *damit* |
| **caso** | *falls* | **por muito que** | *so sehr ... auch* |
| **contanto que** | *vorausgesetzt* | **sem que** | *ohne dass* |

| | |
|---|---|
| Escrevo já hoje, **a fim de que** a carta chegue a tempo. | *Ich schreibe heute schon, damit der Brief rechtzeitig ankommt.* |
| Acompanho-te, **a não ser que** não queiras. | *Ich begleite dich, es sei denn du möchtest es nicht.* |
| Vamos depressa, **antes que** o correio feche. | *Gehen wir schnell, bevor die Post schließt.* |
| **Caso** o vejas, dá-lhe cumprimentos meus. | *Falls du ihn siehst, grüß ihn von mir.* |
| **Contanto que** eu tenha tempo, vou ao cinema contigo. | *Vorausgesetzt dass ich Zeit habe, gehe ich mit dir ins Kino.* |
| **Embora** fosse tarde, ela não queria ir para a cama. | *Obwohl es spät war, wollte sie nicht ins Bett gehen.* |
| Eu espero, **mesmo que** venhas tarde. | *Ich warte, selbst wenn du spät kommst.* |
| Telefono-te **para que** me dês o endereço da tua mãe. | *Ich rufe dich an, damit du mir die Adresse deiner Mutter gibst.* |
| **Por muito que** eu lhe peça, ele não dança comigo! | *So sehr ich ihn auch bitte, er tanzt nicht mit mir!* |
| Não vás para a cama, **sem que** telefones ao teu pai. | *Geh nicht ins Bett, ohne dass du deinen Vater anrufst.* |

▶ Kapitel 9 Der Gebrauch des Konjunktivs Präsens, Imperfekt und Plusquamperfekt, Seite 69.

Einige Konjunktionen können je nach Kontext mit dem Konjunktiv oder dem Indikativ verwendet werden:

| | | |
|---|---|---|
| **se** | *wenn* | Konjunktiv/Indikativ |
| **se** | *ob* | Indikativ, leitet indirekte Fragesätze ein |
| **quando** | *wenn* | Konjunktiv Futur |
| | *(immer) wenn* | Indikativ Präsens/Imperfekt |
| **quando** | *als* | Indikativ Einfaches Perfekt |

| | |
|---|---|
| **Se** vocês forem ao futebol, eu também vou. | *Wenn ihr zum Fußballspiel geht, gehe ich auch.* |
| Diz-me **se** não gostas do presente. | *Sag mir, wenn du das Geschenk nicht magst.* |
| **Se** fosse um gato, dormia todo o dia. | *Wenn ich eine Katze wäre, würde ich den ganzen Tag schlafen.* |
| Não sei **se** o bolo já está pronto. | *Ich weiß nicht, ob der Kuchen schon fertig ist.* |
| **Quando** ele vier, mostra-lhe a carta. | *Wenn er kommt, zeig ihm den Brief.* |
| **Quando** ele cozinha, a comida é excelente! | *(Immer) wenn er kocht, ist das Essen ausgezeichnet!* |
| **Quando** aterrámos, estava a chover. | *Als wir landeten, regnete es.* |

Auch andere Konjunktionen werden mit dem Konjunktiv oder dem Indikativ benutzt. Dabei wird der Konjunktiv zum Ausdruck einer Möglichkeit gewählt oder wenn man sich auf die Zukunft bezieht. Will man eine Tatsache ausdrücken, verwendet man den Indikativ.

| | | | |
|---|---|---|---|
| **até que** | *bis (dass)* | **enquanto** | *während/solange* |
| **como** | *da/wie* | **logo que** | *sobald* |
| **conforme** | *wie/ je nachdem* | **mal** | *kaum* |
| **de modo que** | *derart, dass* | **que** | *dass* |
| **desde que** | *seitdem/ vorausgesetzt* | **sempre que** | *immer wenn* |

| | |
|---|---|
| Vais esperar aqui **até que** as lojas **abram**? | *Wirst du hier warten, bis die Läden öffnen?* |
| Esperei **até que** a chuva **parou**. | *Ich habe gewartet, bis der Regen aufhörte.* |
| Faço tudo **como** tu **disseres**. | *Ich mache alles, wie du sagst.* |
| **Como** ela **dormiu** mal, está cansada. | *Da sie schlecht geschlafen hat, ist sie müde.* |

! Die kausale Konjunktion **como** *(da)* wird nur benutzt, wenn die Begründung vor dem begründeten Satz steht. Kommt die Begründung nach dem begründeten Satz, muss man die Konjunktion **porque** *(weil)* verwenden.

| | |
|---|---|
| Ela está cansada **porque dormiu** mal. | *Sie ist müde, weil sie schlecht geschlafen hat.* |
| Fico em casa ou saio **conforme** o tempo **estiver**. | *Ich bleibe zu Hause oder gehe aus, je nachdem, wie das Wetter ist.* |
| **Conforme** o médico **disse**, está tudo em ordem! | *Wie der Arzt sagte, ist alles in Ordnung!* |
| Poderias falar **de modo que** te **entendam**? | *Könntest du so sprechen, dass man dich versteht?* |
| Ele fala tão depressa **de modo que** ninguém o **entende**! | *Er spricht derart schnell, dass ihn keiner versteht!* |

| | |
|---|---|
| Podes sair **desde que** não **chegues** muito tarde. | *Du darfst ausgehen, vorausgesetzt du kommst nicht sehr spät.* |
| Falas melhor português **desde que estiveste** em Portugal. | *Du sprichst besser Portugiesisch, seitdem du in Portugal warst.* |
| **Enquanto** tu **estudares**, tiras boas notas. | *Solange du lernst, bekommst du gute Noten.* |
| Eu leio **enquanto** tu **vês** televisão. | *Ich lese, während du fernsiehst.* |
| **Logo que chegues** a casa, telefona-me. | *Sobald du zu Hause ankommst, ruf mich an.* |
| Telefonei-te **logo que cheguei** a casa. | *Ich rief dich an, sobald ich zu Hause ankam.* |
| **Mal chegasse**, já estaria a ralhar! | *Kaum wäre er da, schon würde er schimpfen!* |
| **Mal chegou**, já está a ralhar! | *Kaum ist er da, schon schimpft er!* |
| Era bem possível **que** essa história **fosse** verdade. | *Es war gut möglich, dass diese Geschichte wahr war.* |
| Ele prometeu-nos **que vinha**. | *Er versprach uns, dass er kommen würde.* |
| **Sempre que vás** ao Porto, lembra-te de mim. | *Immer wenn du nach Porto gehst, denk an mich.* |
| **Sempre que como** marisco, fico com sede. | *Immer wenn ich Meeresfrüchte esse, bekomme ich Durst.* |

► Kapitel 9 Der Gebrauch des Konjunktivs Präsens, Imperfekt, Plusquamperfekt und Futur I, Seite 69.

# 12 Os tipos de frases – Die Satzarten

## Der Aussagesatz

Die Grundstruktur des Aussagesatzes ist:

| Subjekt | Verb | direktes Objekt | indirektes Objekt |
|---|---|---|---|
| O Raul<br>*Raul* | fala<br>*spricht* | muitas línguas.<br>*viele Sprachen.* | |
| Nós<br>*Wir* | oferecemos<br>*schenken* | flores<br>*Blumen* | à nossa mãe.<br>*unserer Mutter.* |

Das Subjekt kann, muss aber nicht immer ausgedrückt werden. Oft sind bestimmte Verbendungen nur einem Subjekt zugeordnet. In diesen Fällen kann man ruhig das Personalpronomen (als Subjekt) weglassen.

(Nós) **falamos** alemão. — *Wir sprechen Deutsch.*
(Eu) **gosto** muito de fruta. — *Ich mag Obst sehr gerne.*
(Tu) **és** mesmo simpática! — *Du bist wirklich nett!*

Gibt es für eine bestimmte Verbendung mehrere Subjektmöglichkeiten, dann empfiehlt es sich, das Subjekt in Form eines Personalpronomens auszudrücken, um Missverständnisse zu vermeiden:

Você/ele/ela **comprou** um carro. — *Sie/er/sie kaufte(n) ein neues Auto.*
Vocês/eles/elas/os senhores **compraram** livros. — *Ihr kauftet / sie/Sie kauften Bücher.*

Eine Verneinung ändert die Grundstruktur nicht.

Im Gegensatz zum Deutschen steht die Negation **não** immer unmittelbar vor der Verbform!

Eu hoje **não** trabalho no jardim. — *Ich arbeite heute nicht im Garten.*

▶ Kapitel 14 Die Verneinung, Seite 112.

In der Regel sind Verb und direktes Objekt sehr eng verbunden, man schiebt selten andere Satzglieder dazwischen. Aber ansonsten können beispielsweise adverbiale Bestimmungen am Anfang, in der Mitte oder am Ende des Aussagesatzes stehen. In dieser Beziehung ist die portugiesische Sprache ziemlich flexibel:

**Amanhã** vou para férias!
Vou **amanhã** para férias!
Vou para férias **amanhã**!
} *Ich gehe morgen in Urlaub!*

# Der Fragesatz

Die Bildung des Fragesatzes ist im Portugiesischen sehr einfach! Es gibt Intonationsfragen und Fragen mit Fragewort.

## Die Intonationsfrage

Eine Intonationsfrage ist eine Entscheidungsfrage. Man kann sie mit *ja* oder *nein* beantworten, und sie wird nicht mit einem Fragewort eingeleitet.

| | | |
|---|---|---|
| Aussage | Ele chegou atrasado. | *Er kam spät an.* |
| Frage | Ele chegou atrasado**?** | *Kam er spät an?* |
| Aussage | Vamos dançar. | *Wir gehen tanzen.* |
| Frage | Vamos dançar**?** | *Gehen wir tanzen?* |

Wie Sie sehen, ist das Fragezeichen der einzige optische Unterschied zwischen Aussage und Frage. Eine Inversion, wie im Deutschen, wird im Portugiesischen nicht gemacht.

Das Problem ist nur: Wie erkennt man eine Frage im gesprochenen Portugiesisch? Durch die Intonation eben! Der Satz wird mit steigender Intonation gesprochen, d. h. der Ton geht zum Ende des Satzes hin in die Höhe.

Vais sair comigo?

*Gehst du mit mir aus?*

## Die Frage mit Fragewort

Eine Frage mit Fragewort ist eine Ergänzungsfrage. Man kann sie nicht mit *ja* oder *nein* beantworten. Bei dieser Art von Frage gibt es wie im Deutschen eine Inversion von Subjekt und Verb:

| Fragewort | Verb | Subjekt |
|---|---|---|
| Quanto<br>*Wie viel* | custa<br>*kostet* | a entrada?<br>*die Eintrittskarte?* |
| Qual<br>*Welches* | é<br>*ist* | o nosso hotel?<br>*unser Hotel?* |

### Fragen mit é que

Eine beliebte Art, in der portugiesischen Umgangssprache Fragen mit Fragewort zu bilden, ist der Einschub von **é que**. In diesem Fall erfolgt keine Inversion von Subjekt und Verb, und **é que** steht gleich nach dem Fragewort:

| Fragewort | é que | Subjekt | Verb |
|---|---|---|---|
| Porque<br>*Warum* | **é que** | (tu) | vens tão tarde?<br>*kommst du so spät?* |
| Quando<br>*Wann* | **é que** | (nós) | vamos para casa?<br>*gehen wir nach Hause?* |

⇨⇦ Der Ausdruck **é que** wird im Deutschen nicht übersetzt.

▶ Kapitel 7 Die Interrogativpronomen, Seite 49.
▶ Kapitel 14 **É que**, Seite 117.

## Der Antwortsatz

Antworten ist im Portugiesischen ein bisschen anders als im Deutschen. Vorneweg: Nur mit **sim** *(ja)* oder **não** *(nein)* zu antworten, wäre nicht besonders höflich ...

### Die bejahende Antwort

Um eine Frage zu bejahen, reicht es, wenn man das Verb der Frage in der entsprechenden Person wiederholt:

**Vais** telefonar para casa? — *Wirst du zu Hause anrufen?*
**Vou**. — *Ja.*

Vocês **gostaram** do hotel? — *Hat euch das Hotel gefallen?*
**Gostámos**. — *Ja.*

Ele **tinha comido** tudo? — *Hatte er alles gegessen?*
**Tinha**. — *Ja.*

Natürlich kann man auch **sim** nach oder, eher selten, vor dem Verb hinzufügen:

**Estás** pronta para sair? — *Bist du fertig zum Ausgehen?*
Estou, **sim**. — *Ja.*
**Sim**, estou. — *Ja.*

Als Bekräftigung der Bejahung, besonders nach einer Frage in der verneinten Form, sagt man oft auch **pois**:

**Não queres ir** para a praia? — *Willst du nicht zum Strand gehen?*
Quero, **pois**! — *Doch!*

⇨⇦ Im Portugiesischen gibt es keine direkte Entsprechung für das deutsche *doch*.

Ela **não foi** às compras? — *Ist sie nicht einkaufen gegangen?*
**Foi**! — *Doch!*

Steht in der Frage das Adverb **já** *(schon)*, **ainda** *(noch)*, **também** *(auch)* oder **só** *(nur)*, wird dieses Adverb in der Antwort wiederholt – und nicht das Verb der Frage!

| | |
|---|---|
| **Já** tocou para o intervalo? | *Hat es schon zur Pause geklingelt?* |
| **Já**! | *Ja!* |

### Die verneinende Antwort

Eine verneinende Antwort kann man im familiären Umgang mit nur **não** geben. Etwas höflicher klingt aber eine Verneinung mit **não** und dem Verb der Frage:

| | |
|---|---|
| **Sabes** onde está a tesoura? | *Weißt du, wo die Schere liegt?* |
| **Não**! | *Nein!* |
| O senhor **está** à espera do táxi? | *Warten Sie auf das Taxi?* |
| **Não, não estou.** | *Nein, warte ich nicht.* |

⇨⇦ Für die deutschen Wörter *nein, nicht, kein/keine/keiner* kennt das Portugiesische nur **não.**

▶ Kapitel 14 Die Verneinung, Seite 112.

Steht im Fragesatz das Adverb **já** *(schon)*, ist die verneinende Antwort **ainda não** *(noch nicht)* oder nur **não** *(nein)*:

| | |
|---|---|
| **Já visitou** o novo centro comercial? | *Haben Sie schon das neue Einkaufszentrum besucht?* |
| **Ainda não.** | *Noch nicht.* |

# Der Bedingungssatz

Der konditionale Satz besteht aus einem Hauptsatz und einem Nebensatz, der von der Konjunktion **se** *(wenn, falls)* eingeleitet wird.
Die Bedingung ist im Nebensatz enthalten.

## Der reale Bedingungssatz

Im realen Bedingungssatz ist die Bedingung aus der Sicht des Sprechers erfüllbar oder möglich. Man unterscheidet, ob die Bedingung in der Zukunft realisierbar ist oder ob sie in der Gegenwart erfüllt werden kann bzw. die Aussage des Hauptsatzes nur eine Folgerung aus dem Nebensatz ist.

Bedingung ist in der Zukunft erfüllbar:

| **se**-Satz | Hauptsatz |
|---|---|
| Konjunktiv Futur | Indikativ Futur I oder<br>Präsens (Umgangssprache) |
| **Se** ele **passar** no exame,<br>*Wenn er die Prüfung besteht,* | **ficarei** muito contente.<br>*bin ich sehr zufrieden.* |

| **se**-Satz | Hauptsatz |
|---|---|
| Konjunktiv Futur | Indikativ Futur I oder Präsens (Umgangssprache) |
| **Se** tu me **telefonares**,<br>*Wenn du mich anrufst,* | **agradeço**-te.<br>*danke ich dir.* |

Bedingung ist in der Gegenwart realisierbar bzw. ist eine Tatsache, oder es besteht nur eine Folgerungsbeziehung zwischen beiden Sätzen:

| **se**-Satz | Hauptsatz |
|---|---|
| Indikativ Präsens | Indikativ Futur I, Präsens oder Imperativ |
| **Se** ele **chega** a tempo,<br>*Wenn er rechtzeitig kommt,* | ainda **poderemos** ir ao cinema.<br>*können wir noch ins Kino gehen.* |
| **Se** hoje não **te sentes** bem,<br>*Wenn du dich heute nicht wohl fühlst,* | não **venhas**.<br>*dann komm nicht.* |

## Der irreale Bedingungssatz

Im irrealen Bedingungssatz ist die Bedingung aus der Sicht des Sprechers unerfüllbar.

Bedingung ist in der Gegenwart oder Zukunft irreal, d. h. es ist fraglich oder unmöglich, dass sie erfüllt wird:

| **se**-Satz | Hauptsatz |
|---|---|
| Konjunktiv Imperfekt | Konditional I oder Indikativ Imperfekt (Umgangsspr.) |
| **Se** eu **tivesse** um jardim,<br>*Wenn ich einen Garten hätte,* | **passaria** lá muito tempo.<br>*würde ich dort viel Zeit verbringen.* |
| **Se** não **fosse** tão tarde,<br>*Wenn es nicht so spät wäre,* | ainda **telefonava** ao meu filho.<br>*würde ich meinen Sohn noch anrufen.* |
| **Se** cães **soubessem** falar,<br>*Wenn Hunde sprechen könnten,* | **seria** tão engraçado!<br>*wäre es so lustig!* |

Bedingung wurde in der Vergangenheit nicht erfüllt:

| **se**-Satz | Hauptsatz |
|---|---|
| Konjunktiv Plusquamperfekt | Konditional II oder Konditional I (eher Umgangsspr.) |
| **Se** nós **tivessemos casado**,<br>*Wenn wir geheiratet hätten,* | **teríamos sido** felizes.<br>*wären wir glücklich gewesen.* |
| **Se** ele **tivesse ido** de férias,<br>*Wenn er in Urlaub gegangen wäre,* | **teria descansado** muito.<br>*hätte er sich gut erholt.* |

| **se**-Satz | Hauptsatz |
|---|---|
| Konjunktiv Plusquamperfekt | Konditional II oder<br>Konditional I (eher Umgangsspr.) |
| **Se** eles **tivessem comprado** um carro,<br>*Wenn sie ein Auto gekauft hätten,* | **poderiam** viajar mais vezes.<br>*würden sie öfters verreisen können.* |

! Im **se**-Satz darf kein Konditional stehen!

# Die indirekte Rede

Die indirekte Rede wird immer mit einem Verb des Sagens im Hauptsatz eingeleitet, z. B. **dizer** *(sagen)*, **afirmar** *(behaupten)*, **responder** *(antworten)*, **perguntar** *(fragen)*, **contar** *(erzählen)*. In welcher Zeit dann das Verb im Nebensatz stehen muss, hängt von diesem Verb des Hauptsatzes ab.

## Die Zeitenfolge in der Gegenwart

Steht das Verb des redeeinleitenden Hauptsatzes im Präsens oder Futur, so bleiben in der indirekten Rede die Zeiten der direkten Rede erhalten:

| | |
|---|---|
| Na entrevista o futebolista **afirma**: "**Ficarei** até ao fim da temporada!" | *Im Interview behauptet der Fußballspieler: „Ich werde bis zum Saisonende bleiben!"* |
| Na entrevista o futebolista **afirma** que **ficará** até ao fim da temporada. | *Im Interview behauptet der Fußballspieler, dass er bis zum Saisonende bleiben werde.* |
| Tenho a certeza que ele **responderá**: "**Está** tudo em ordem!" | *Ich bin sicher, dass er antworten wird: „Es ist alles in Ordnung!"* |
| Tenho a certeza que ele **responderá** que **está** tudo em ordem. | *Ich bin sicher, dass er antworten wird, dass alles in Ordnung sei.* |

## Die Zeitenfolge in der Vergangenheit

Wird die indirekte Rede mit einem Verb in der Vergangenheit eingeleitet, verändern sich im Nebensatz die Zeiten wie folgt:

| Direkte Rede | Indirekte Rede |
|---|---|
| Präsens → | Indikativ Imperfekt |
| "O exame **é** fácil."<br>*„Die Prüfung ist einfach."* | Ele disse que o exame **era** fácil.<br>*Er sagte, dass die Prüfung einfach sei.* |
| Einfaches Perfekt → | Indikativ Plusquamperfekt |
| "O exame **foi** fácil."<br>*„Die Prüfung war einfach."* | Ele disse que o exame **tinha sido** fácil.<br>*Er sagte, dass die Prüfung einfach gewesen sei.* |

| Direkte Rede | Indirekte Rede |
|---|---|
| Futur I → | Konditional I |
| "O exame **será** fácil."<br>*„Die Prüfung wird einfach sein."* | Ele disse que o exame **seria** fácil.<br>*Er sagte, dass die Prüfung einfach sein werde.* |
| Futur II → | Konditional II |
| "O exame **terá sido** fácil."<br>*„Die Prüfung wird einfach gewesen sein."* | Ele disse que o exame **teria sido** fácil.<br>*Er sagte, dass die Prüfung einfach gewesen sein werde.* |
| Imperativ → | Konjunktiv Imperfekt |
| "**Faz** o exame!"<br>*„Mach die Prüfung!"* | Ele disse que **fizesse** o exame.<br>*Er sagte, ich solle die Prüfung machen.* |

⇨⇦ Im Gegensatz zum Deutschen steht im Portugiesischen in der indirekten Rede nicht grundsätzlich der Konjunktiv.

# 13 A variante brasileira – Die brasilianische Variante

Grundlage dieser Grammatik ist das europäische Portugiesisch. Es wird jedoch in allen Kapiteln immer auf die größeren Unterschiede zwischen dem europäischen und dem brasilianischen Portugiesisch hingewiesen. Im Folgenden nun eine kleine Zusammenfassung der Hauptunterschiede. Um ständige Wiederholungen zu vermeiden, wird in den Übersichten wie folgt abgekürzt:
Europäisches Portugiesisch = EP
Brasilianisches Portugiesisch = BP

## Die Orthographie

1. Generell werden im brasilianischen Portugiesisch die Konsonanten, die nicht ausgesprochen werden, auch nicht geschrieben:

| EP | BP | Deutsch |
|---|---|---|
| ó**p**timo | ótimo | *sehr gut, vortrefflich* |
| exa**c**to | exato | *genau* |
| a**c**ção | ação | *Handlung, Tat* |

2. Der Vokal **u** bekommt ein Trema (**ü**), wenn er bei **-gue-/-gui-** bzw. **-que-/-qui-** ausgesprochen wird:

| EP | BP | Deutsch |
|---|---|---|
| ag**u**entar | ag**ü**entar | *aus-, durchhalten* |
| freq**u**ente | freq**ü**ente | *häufig* |
| tranq**u**ilo | tranq**ü**ilo | *ruhig* |

3. Die Vokale **e** und **o** bekommen in betonten Silben vor **-m-** oder **-n-** einen Zirkumflex statt Akut:

| EP | BP | Deutsch |
|---|---|---|
| t**é**nis | t**ê**nis | *Tennis* |
| econ**ó**mico | econ**ô**mico | *wirtschaftlich* |
| Ant**ó**nio | Ant**ô**nio | *Anton (Vorname)* |

*aber:* Hel**e**na, telef**o**ne

Diese Vokale werden im brasilianischen Portugiesisch geschlossen ausgesprochen, im europäischen Portugiesisch hingegen offen. Allgemein werden in Brasilien die Vokale in der Regel allerdings eher offener als im europäischen Portugiesisch ausgesprochen.

4. Die Konsonantenfolgen **-mn-** und **-nn-** werden zu **-n-**:

| EP | BP | Deutsch |
|---|---|---|
| inde**mn**ização | inde**n**ização | *Entschädigung* |
| co**nn**osco | co**n**osco | *mit uns* |

# Die Aussprache

## Vokale

1. Die nicht betonten Vokale (**a**, **e** und **o**) werden allgemein offener als im europäischen Portugiesisch ausgesprochen:

| | EP | BP | Deutsch |
|---|---|---|---|
| café | [kɐ'fɛ] | [ka'fɛ] | *Kaffee* |
| pessoa | [pə'soɐ] | [pe'soa] | *Person* |

2. Der Vokal **e** in unbetonter Silbe am Wortende wird **i** ausgesprochen:

| | EP | BP | Deutsch |
|---|---|---|---|
| telefone | [tələ'fɔnə] | [tele'fɔni] | *Telefon* |
| mole | ['mɔlə] | ['mɔli] | *weich* |

## Konsonanten

1. Der Konsonant **d** vor **-i-** in betonter oder unbetonter Silbe und vor **-e** in unbetonter Silbe am Wortende wird im brasilianischen Portugiesisch ähnlich wie das **j** im englischen *jingle* ausgesprochen. Im europäischen Portugiesisch ist seine Aussprache wie im Deutschen. Das ist ein sehr gut hörbarer Unterschied!

| | EP | BP | Deutsch |
|---|---|---|---|
| dia | ['diɐ] | ['dʒia] | *Tag* |
| dire(c)tor | [dirɛ'tor] | [dʒirɛ'to(ʀ)] | *Direktor* |
| verdade | [vər'dadə] | [ver'dadʒi] | *Wahrheit* |

2. Der Konsonant **t** vor **-i-** in betonter oder unbetonter Silbe und vor **-e** in unbetonter Silbe am Wortende wird im brasilianischen Portugiesisch in etwa so ausgesprochen, dass ihm ein deutsches (schwaches) **sch** folgt. Im europäischen Portugiesisch ist seine Aussprache wie im Deutschen.

| | EP | BP | Deutsch |
|---|---|---|---|
| tio | ['tiu] | ['tʃiu] | *Onkel* |
| romântico | [ʀu'mɐ̃tiku] | [ʀo'mɐ̃tʃiku] | *romantisch* |
| noite | ['noitə] | ['noitʃi] | *Abend, Nacht* |

3. Der Konsonant **l** am Silben- und Wortende wird im europäischen Portugiesisch ähnlich wie englisches **l** in *hall*, im brasilianischen Portugiesisch jedoch ähnlich wie **u** ausgesprochen:

| | EP | BP | Deutsch |
|---|---|---|---|
| Brasil | [brɐ'zil] | [bra'ziu] | *Brasilien* |
| Carnaval | [kɐrnɐ'val] | [karna'vau] | *Karneval* |
| Valdemar | [valdə'mar] | [vaude'maʀ] | *Waldemar (Vorname)* |

4. Der Konsonant **r** am Wortende wird im europäischen Portugiesisch wie leichtes Zungen-**r** ausgesprochen; in Brasilien wird er – je nach Gegend – wie stark gerolltes Zungen- oder Zäpfchen-**r** ausgesprochen oder aber ausgelassen:

| | EP | BP | Deutsch |
|---|---|---|---|
| senhor | [sə'ɲor] | [sə'ɲo(ʀ)] | *Herr* |
| beber | [bə'ber] | [be'be(ʀ)] | *trinken* |

5. Die Konsonanten **s** am Wort- und Silbenende und **z** am Wortende werden im europäischen Portugiesisch wie deutsches (schwaches) **sch** ausgesprochen, im brasilianischen Portugiesisch aber liegt ihre Aussprache zwischen stimmhaftem **s** in *le**s**en* und stimmlosem **s** in *la**ss**en*:

| | EP | BP | Deutsch |
|---|---|---|---|
| casas | ['kazɐʃ] | ['kazas] | *Häuser* |
| pescar | [pəʃ'kar] | [pes'kaʀ] | *fischen* |
| feliz | [fə'liʃ] | [fe'lis] | *glücklich* |
| rapaz | [ʀɐ'paʃ] | [ra'pas] | *Junge* |

# Die Anrede

Die Anrede ist im brasilianischen Portugiesisch etwas einfacher als im europäischen Portugiesisch.

1. Das Personalpronomen **tu** *(du)* wird nur in einigen Regionen im Süden und Nordosten Brasiliens verwendet. In den übrigen Gebieten wird **tu** und die entsprechende Verbform (2. Person Singular) nicht verwendet. Für die Du-Form wird das Personalpronomen **você** verwendet.

| | | |
|---|---|---|
| EP | Tu gostas de morangos? | *Magst du Erdbeeren?* |
| BP | Você gosta de morangos? | |

2. Die Sie-Anrede einer Person wird in Brasilien mit **o senhor** bzw. **a senhora** gebildet. Im europäischen Portugiesisch gibt es hierfür zwei Möglichkeiten: Die informelle, also weniger förmliche Anrede mit **você** und die formelle Anrede mit **o senhor** bzw. **a senhora**. Die zugehörige Verbform steht in der 3. Person Singular.

| | | |
|---|---|---|
| EP informell | **Você** fala bem português. | *Sie sprechen gut Portugiesisch.* |
| EP formell | **O senhor / A senhora** fala bem português. | |
| BP | **O senhor / A senhora** fala bem português. | |

3. Die übrigen Anreden sind im europäischen und brasilianischen Portugiesisch identisch.

| | |
|---|---|
| **Vocês** são alemães? | *Seid ihr Deutsche?* |
| **Os senhores** são alemães? | *Sind Sie Deutsche?* (an Männer oder eine gemischte Gruppe gerichtet) |
| **As senhoras** são alemãs? | *Sind Sie Deutsche?* (an Frauen gerichtet) |

Auf einen Blick:

| | EP | BP | Deutsch |
|---|---|---|---|
| | **tu** | **você** | *du* |
| informell | **você** | – | *Sie (Sing.)* |
| formell/ respektvoll | **o senhor / a senhora** | **o senhor / a senhora** | *Sie (Sing.)* |
| | **vocês** | **vocês** | *ihr* |
| | **os senhores / as senhoras** | **os senhores / as senhoras** | *Sie (Plural)* |

! Im gesprochenen brasilianischen Portugiesisch sagt man oft statt **Senhor** + Vornamen (**Senhor** Joaquim – *Herr Joachim*) die Anrede **Seu** + Vornamen (**Seu** Joaquim). Das gilt nur für die männliche vertrauliche Anrede.

# Der formale Satzbau

## Verben

1. Eine Handlung, die gerade stattfindet, wird mit der Verlaufsform zum Ausdruck gebracht. Im europäischen Portugiesisch bildet man die Verlaufsform eher mit dem Hilfsverb **estar** + Präposition **a** + Infinitiv des Hauptverbs. Im brasilianischen Portugiesisch verwendet man dazu auch das Hilfsverb **estar**, allerdings mit dem Gerundium des Hauptverbs:

| | | |
|---|---|---|
| EP | Está **a chover**. | *Es regnet gerade.* |
| BP | Está **chovendo**. | |
| EP | Ele está **a estudar**? | *Lernt er gerade?* |
| BP | Ele está **estudando**? | |

2. Für die unpersönliche Konstruktion *es gibt, es gab* etc. verwendet man im europäischen Portugiesisch das Verb **haver** in der entsprechenden Verbzeit in der 3. Person Singular. Im brasilianischen Portugiesisch wird dafür auch oft das Hilfsverb **ter**, ebenfalls in der entsprechenden Verbzeit und in der 3. Person Singular, benutzt:

| | | |
|---|---|---|
| EP | **Há** praias lindas no Brasil. | *Es gibt in Brasilien schöne Strände.* |
| BP | **Tem** praias lindas no Brasil. | |
| EP | Ontem na televisão **houve** um programa interessante. | *Gestern gab es im Fernsehen eine interessante Sendung.* |
| BP | Ontem na televisão **teve** um programa interessante. | |

3. Im aktuellen europäischen Portugiesisch ist **ter** das Hilfsverb für die zusammengesetzten Zeiten. In Brasilien verwendet man heute noch, auch im gesprochenen brasilianischen Portugiesisch, das Hilfsverb **haver** parallel zum Hilfsverb **ter**:

| | | |
|---|---|---|
| EP | Ele **tinha** passado no exame. | *Er hatte die Prüfung bestanden.* |
| BP | Ele **havia** passado no exame. | |
| EP | Se os operários **tivessem** sido pagos, não teriam feito greve. | *Wenn die Arbeiter bezahlt worden wären, hätten sie nicht gestreikt.* |
| BP | Se os operários **houvessem** sido pagos, não teriam feito greve. | |

4. Das Futur I wird im europäischen Portugiesisch vor allem in der Schriftsprache verwendet, im gesprochenem europäischen Portugiesisch wird es eher durch die nahe Zukunft ersetzt. In Brasilien benutzt man das Futur I dagegen gern auch in der gesprochenen Sprache:

| | | |
|---|---|---|
| EP | **Vou convidar** a minha mãe para almoçar. | *Ich werde meine Mutter zum Mittagessen einladen.* |
| BP | **Convidarei** minha mãe para almoçar. | |

## Pronomen

1. Die Stellung der Objektpronomen der 3. Personen Singular und Plural als direktes Objekt
   Im gesprochenen brasilianischen Portugiesisch werden die Objektpronomen der 3. Person Singular und Plural meistens weggelassen. Umgangssprachlich werden statt **o/a**, **os/as** eher **ele/ela**, **eles/elas** benutzt:

| | | |
|---|---|---|
| EP | Onde compraste esta blusa? Comprei-**a** na feira. | *Wo hast du diese Bluse gekauft? Ich habe sie auf dem Markt gekauft.* |
| BP | Onde você comprou esta blusa? Comprei na feira. | |
| EP | Deixa-**as** ir passear. | *Lass sie spazieren gehen.* |
| BP | Deixe **elas** ir passear. | |

2. In der Schriftsprache entspricht die Stellung der restlichen Objektpronomen und der Reflexivpronomen in der Regel derjenigen im europäischen Portugiesisch.
   Im gesprochenen brasilianischen Portugiesisch jedoch wird meistens die Voranstellung bevorzugt, das Pronomen steht also vor dem Verb und der Bindestrich entfällt:

| | | |
|---|---|---|
| EP | Ele saudou-**me** da janela. | *Er grüßte mich vom Fenster aus.* |
| BP | Ele **me** saudou da janela. | |
| EP | Podes fazer-**me** um favor? | *Kannst du mir einen Gefallen tun?* |
| BP | Você pode **me** fazer um favor? | |
| EP | Eu chamo-**me** Rosa Maria. | *Ich heiße Rosa Maria.* |
| BP | Eu **me** chamo Rosa Maria. | |
| EP | Vocês lembram-**se** desta praia? | *Erinnert ihr euch an diesen Strand?* |
| BP | Vocês **se** lembram desta praia? | |

3. Die Possessivpronomen werden im europäischen Portugiesisch generell von den zugehörigen bestimmten Artikeln begleitet. Das ist im brasilianischen Portugiesisch eher die Ausnahme:

| | | |
|---|---|---|
| EP | **A minha** casa é grande. | *Mein Haus ist groß.* |
| BP | **Minha** casa é grande. | |
| EP | **O nosso** jardim tem muitas flores. | *Unser Garten hat viele Blumen.* |
| BP | **Nosso** jardim tem muitas flores. | |

# Der Wortschatz

Die Unterschiede im Wortschatz des europäischen und des brasilianischen Portugiesisch haben viel mit dem in Brasilien spürbaren Einfluss der indianischen Sprachfamilie **tupi-guarani** und anderer Sprachen (unter anderem afrikanischer Herkunft) zu tun. Auch der Einfluss des amerikanischen Englisch macht sich natürlich bemerkbar.
Es gibt eine ganze Reihe voneinander abweichender Vokabeln. Die wichtigsten sind im Folgenden für Sie aufgelistet.

1. Wichtig ist in erster Linie, die Vokabeln zu kennen, die identisch sind, aber eine andere Bedeutung haben:

| | | Deutsch | | |
|---|---|---|---|---|
| EP<br>BP | apelido<br>apelido | *Familienname*<br>*Spitz-, Beiname* | BP<br>EP | sobrenome<br>alcunha |
| EP<br>BP | banheiro<br>banheiro | *Bademeister*<br>*Badezimmer* | BP<br>EP | salva-vidas<br>casa de banho |
| EP<br>BP | camisola<br>camisola | *Pulli*<br>*Nachthemd* | BP<br>EP | T-shirt<br>camisa de noite |
| EP<br>BP | rapariga<br>rapariga | *Mädchen*<br>*Straßenmädchen* | BP<br>EP | moça<br>puta |
| EP<br>BP | sítio<br>sítio | *Platz*<br>*Landgut* | BP<br>EP | lugar<br>quinta |

2. Man sollte auch einige Wörter kennen, die im europäischen oder brasilianischen Portugiesisch durch die unterschiedlichen Bedeutungen zu peinlichen Situationen führen können:

| Deutsch | EP | BP |
|---|---|---|
| *Warteschlange*<br>*weibischer Mensch* | **bicha**<br>maricas | fila<br>**bicha** *(abwertend)* |
| *Kinder*<br>*Hühnerklein* | **miúdos**<br>miudezas | crianças<br>**miúdos** |
| *Hintern* | rabo * | bunda |

* Hier liegt das Problem darin, dass dieses Wort im europäischen Portugiesisch vollkommen stubenrein ist, aber in Brasilien sehr vulgär!

3. Eine kleine Auswahl unterschiedlicher Vokabeln für den alltäglichen Gebrauch:

| EP | BP | Deutsch |
|---|---|---|
| ananás *(m.)* | abacaxi *(m.)* | *Ananas* |
| atendedor de chamadas *(m.)* | secretária eletrônica | *Anrufbeantworter* |
| autocarro | ônibus *(m.)* | *Bus* |

| | | |
|---|---|---|
| autoclismo | descarga | *Wasserspülung* |
| bestial, porreiro *(Umg.)* | legal | *gut, toll* |
| bilhete *(m.)* | entrada, ticket *(m.)* | *(Eintritts)Karte* |
| castanho | marrom | *braun* |
| cerveja de barril | chope *(m.)* | *Fassbier* |
| chávena | xícara | *Tasse* |
| cinzento | cinza | *grau* |
| comboio | trem *(m.)* | *Zug* |
| conduzir | dirigir | *(selber) fahren* |
| constipação *(f.)* | resfriado | *Erkältung* |
| desporto | esporte *(m.)* | *Sport* |
| eléctrico | bonde *(m.)* | *Straßenbahn* |
| ementa | cardápio | *Speisekarte* |
| empregado (de mesa) | garçon *(m.)* | *Kellner* |
| está? | alô? | *Hallo? (am Telefon)* |
| fato | terno | *Herrenanzug* |
| fotocópia | xérox *(m./f.)*, fotocópia | *Fotokopie* |
| frigorífico | geladeira | *Kühlschrank* |
| fumador *(m.)* | fumante *(m.)* | *Raucher* |
| gelado | sorvete *(m.)* | *Speiseeis* |
| hospedeira | aeromoça | *Stewardess* |
| mau | ruim, mau | *schlecht* |
| olá! | oi! | *Hallo! (Begrüßung)* |
| onde está/estão? | cadê? *(Umg.)* | *wo ist/sind?* |
| paragem *(f.)* | parada | *Haltestelle* |
| peão *(m.)* | pedestre *(m.)* | *Fußgänger* |
| penso rápido | bandaid *(m.)* | *Pflaster* |
| pequeno-almoço | café da manhã *(m.)* | *Frühstück* |
| portagem *(f.)* | pedágio | *Autobahngebühren* |
| publicidade *(f.)* | propaganda | *Werbung* |
| santinho! | saúde! | *Gesundheit! (niesen)* |
| talho | açougue *(m.)* | *Metzgerei* |
| telemóvel *(m.)* | celular *(m.)* | *Handy* |
| tratar de | arrumar | *erledigen* |

! In dieser Liste sind Substantive mit der Endung **-o** männlich, mit der Endung **-a** weiblich. Nur bei Abweichung oder anderen Endungen ist das Geschlecht in Klammern angegeben.

# 14 A aprender com cuidado – Harte Nüsse

Manche Grammatikthemen sind im Portugiesischen gewissermaßen harte Nüsse, immer wieder macht man die gleichen Fehler! Dieses Kapitel soll Ihnen helfen, diese Nüsse zu knacken. Denn manches ist nur deswegen schwierig, weil man sich nicht gründlich genug damit beschäftigt hat ... Viel Erfolg!

## Die Verneinung

Die Verneinung wird im Portugiesischen anders als im Deutschen gebildet. Es geht eben nicht immer nach dem mathematischen Prinzip: Minus und Minus macht Plus! Aber schön der Reihe nach ...

1. Dem deutschen *nein*, *nicht*, *keiner/keine/kein/keine* entspricht nur ein Verneinungsadverb im Portugiesischen: **não.**

| | |
|---|---|
| Falas russo? **Não**, **não** falo. | *Sprichst du Russisch? Nein (, ich spreche nicht).* |
| Ele **não** é muito trabalhador. | *Er ist nicht sehr fleißig.* |
| **Não** tens fósforos? | *Hast du keine Streichhölzer?* |

2. **Não** steht immer unmittelbar vor dem Verb, gerade umgekehrt wie im Deutschen:

| | |
|---|---|
| Nós **não esperamos** por ti. | *Wir warten nicht auf dich.* |
| Os senhores **não vão** de táxi? | *Fahren Sie nicht mit dem Taxi?* |

► Kapitel 12 Der Aussagesatz, Seite 97, und Der Antwortsatz, Seite 99.

In der Umgangssprache wiederholt man im brasilianischen Portugiesisch gern als Verstärkung die Verneinung **não** nach dem Verb:

| | |
|---|---|
| Com você eu **não** vou **não**! | *Mit dir gehe ich (gewiss) nicht!* |

3. Weitere Negationswörter sind:

- das veränderliche Indefinitpronomen **nenhum**, **nenhuma**, **nenhuns**, **nenhumas** *(keiner, keine, kein; keine)*,
- die unveränderlichen Indefinitpronomen **nada** *(nichts)*, **ninguém** *(niemand)*,
- die Verneinungsadverbien **nunca** *(niemals)*, **nunca mais** *(nie wieder)*.

Stehen diese Negationswörter vor dem Verb, genügen sie schon, um das Verb oder den ganzen Satz zu verneinen. Stehen sie aber nach dem Verb, brauchen sie eine weitere Negation vor dem Verb, in der Regel **não**. Die Wirkung dieser doppelten Verneinung hebt sich nicht etwa auf, sondern wird bekräftigt. So etwas kennt man im Deutschen nur bei einigen Dialekten.

| | |
|---|---|
| **Nenhum** assunto lhe interessa.<br>**Não** lhe interessa **nenhum** assunto. | *Kein Thema interessiert ihn.* |
| **Ninguém** chegou a tempo.<br>**Não** chegou **ninguém** a tempo. | *Niemand kam rechtzeitig.* |
| **Nunca** te critiquei.<br>**Não** te critiquei **nunca**. | *Ich habe dich nie kritisiert.* |
| Ele **nada** disse.<br>Ele **não** disse **nada**. | *Er sagte nichts.* |

4. Das Verneinungsadverb **nem** *(nicht einmal)* ersetzt **não** in folgenden Ausdrücken:

- **nem um/uma** *(kein einziger/-es, keine einzige)*
- **nem todos/todas** *(nicht alle)*
- **nem tudo** *(nicht alles)*
- **nem sequer** *(nicht einmal)*
- **nem sempre** *(nicht immer)*

Mit diesen Ausdrücken erfolgt keine doppelte Verneinung, d. h. man verwendet kein zusätzliches **não.**

| | |
|---|---|
| **Nem todos** escreveram o teste. | *Nicht alle haben die Klassenarbeit geschrieben.* |
| **Nem tudo** que luz é ouro. (Sprichw.) | *Nicht alles ist Gold, was glänzt.* |
| Ele **nem sequer** me cumprimentou! | *Er hat mich nicht einmal begrüßt!* |

Die Konjunktion **nem ... nem** *(weder ... noch)* bildet ebenfalls eine Negation ohne **não**:

| | |
|---|---|
| Ele **nem** veio **nem** telefonou. | *Er ist weder gekommen noch hat er angerufen.* |

5. Das deutsche *nicht mehr* wird im Portugiesischen auf zwei Arten wiedergegeben:

- zeitlich mit **já não**
- quantitativ mit **não mais**

| | |
|---|---|
| **Já não** gosto de ti! | *Ich mag dich nicht mehr!* |
| **Não** me apetece comer **mais**. | *Ich mag nicht mehr essen.* |

Im brasilianischen Portugiesisch wird statt **já não** in der Regel der Ausdruck **não mais** verwendet:

| | |
|---|---|
| **Não** gosto **mais** de você! | *Ich mag dich nicht mehr!* |

# Ser und estar

Im Portugiesischen gibt es nicht nur ein Verb mit der Bedeutung *sein*, sondern gleich zwei. Das sind die Verben **ser** *(sein)* und **estar** *(sein, sich befinden)*. Damit Sie sie nicht durcheinander bringen, werden sie hier unter die Lupe genommen.

## Ser

Das Verb **ser** *(sein)* bezeichnet wesentliche Eigenschaften und Dauerzustände. Man spricht auch manchmal von einem dauerhaften *sein*. Im Einzelnen wird es benutzt:

1. bei der Angabe von Beruf, Nationalität, Religion, Charakterzügen, Farbe, Form, Material etc.:

| | |
|---|---|
| O Henrique **é** médico. | *Henrique ist Arzt.* |
| Nós **somos** alemães. | *Wir sind Deutsche.* |
| Esta zona **é** predominantemente protestante. | *Dieses Gebiet ist vorwiegend evangelisch.* |
| Raul **é** uma pessoa com gosto. | *Raul ist ein Mensch mit Geschmack.* |
| A nossa casa **é** branca. | *Unser Haus ist weiß.* |
| As praças de touros **são** redondas. | *Die Stierkampfarenen sind rund.* |
| A tua blusa **é** de algodão. | *Deine Bluse ist aus Baumwolle.* |

2. bei Datums- und Zeitangaben:

| | |
|---|---|
| Amanhã já **é** o dia cinco de Junho. | *Morgen ist schon der 5. Juni.* |
| **São** dez e meia. | *Es ist halb elf.* |

3. als Hilfsverb zur Bildung des Passivs:

| | |
|---|---|
| A mesa **foi** reservada pelo meu chefe. | *Der Tisch wurde von meinem Chef bestellt.* |

4. zur Angabe eines unveränderlichen Ortes, z. B. von Gebäuden, bei geographischen Begriffen, kurzum bei Sachen, die den Platz nicht wechseln können.

| | |
|---|---|
| A Ponte 25 de Abril **é** em Lisboa. | *Die Brücke 25. April ist in Lissabon.* |

! Hier kann man auch das Verb **ficar** *(bleiben, sich befinden)* verwenden:

| | |
|---|---|
| A Serra da Estrela **fica** na Beira Alta.<br>A Serra da Estrela **é** na Beira Alta. | *Die Gebirgskette Estrela ist in der Provinz Beira Alta.* |

## Estar

Das Verb **estar** *(sein, sich befinden)* bezeichnet allgemein vorübergehende Zustände. Im Einzelnen wird es benutzt:

1. bei Gefühlen, Krankheitszuständen, Wetterbedingungen etc.:

| | |
|---|---|
| Ele hoje **está** muito triste. | *Er ist heute sehr traurig.* |
| Nós **estamos** constipados. | *Wir sind erkältet.* |
| Como **está**? **Estou** bem, obrigado! | *Wie geht es Ihnen? Mir geht es gut, danke!* |
| Na semana passada **esteve** frio. | *Vergangene Woche war es kalt.* |

2. zur Angabe eines veränderlichen Ortes, meistens mit der Präposition **em**:

| | |
|---|---|
| Ontem **estivemos** na baixa. | *Gestern waren wir im Stadtzentrum.* |
| Ele **está** de manhã sempre no Instituto. | *Morgens ist er immer am Institut.* |
| Onde **estão** os meus sapatos? | *Wo sind meine Schuhe?* |

3. als Hilfsverb der Verlaufsform:

- **estar** + **a** + Infinitiv (eher im europäischen Portugiesisch)
- **estar** + Gerundium (eher im brasilianischen Portugiesisch)

| | |
|---|---|
| **Estamos** a trabalhar.<br>**Estamos** trabalhando. | *Wir arbeiten gerade.* |

4. bei bestimmten Ausdrücken wie:

| | |
|---|---|
| **estar pronto** | *fertig sein* |
| **estar livre/ocupado** | *frei/besetzt sein* |
| **estar fechado/aberto** | *geschlossen/offen sein* |
| **estar ligado/desligado** | *an/aus sein* |
| **estar com fome** | *Hunger haben* |
| **estar com sede** | *Durst haben* |

| | |
|---|---|
| **Estás** pronto? | *Bist du fertig?* |
| O restaurante **está** fechado à segunda-feira. | *Das Restaurant ist montags geschlossen.* |
| **Estou** com uma sede ... | *Ich habe vielleicht einen Durst ...* |

▶ Kapitel 8 Die Hilfsverben, Seite 52.

Darüber hinaus gibt es eine ganze Reihe von Adjektiven, die sowohl mit **ser** als auch mit **estar** verbunden werden können, je nachdem ob ein dauerhafter oder ein vorübergehender Zustand zum Ausdruck gebracht werden soll. Es sind Adjektive wie **bom**, **bonito**, **caro**, **doente**, **feliz** etc.:

| | |
|---|---|
| Tu **estás** muito bonita! | *Du bist sehr hübsch!*<br>(= Heute hast du irgendetwas, was dich hübsch macht.) |
| Tu **és** muito bonita! | *Du bist sehr hübsch!*<br>(= Ich finde dich immer hübsch.) |

| | |
|---|---|
| A minha avó **está** doente. | *Meine Oma ist krank.*<br>(= Sie ist vorübergehend krank.) |
| A minha avó **é** doente. | *Meine Oma ist krank.*<br>(= Sie ist chronisch krank.) |

Mit der Wahl eines einzigen Verbs kann man also im Portugiesischen große Unterschiede in der Aussage machen. Im Deutschen braucht man dazu eine Umschreibung.

Wenn Sie Probleme mit der Auswahl zwischen **ser** und **estar** haben, überprüfen Sie, ob man im jeweiligen Fall auch mit dem Verb *sich befinden* (→ **estar**) übersetzen kann. Das hilft meistens ...

## Andar und ir

**Andar** und **ir** haben beide die Grundbedeutung *gehen, fahren* oder unter Umständen auch *fliegen*. Und wenn zwei Verben eine identische Bedeutung haben, ist es natürlich nicht immer einfach, sie auseinander zu halten. Zum Glück gibt es ganz einfache Regeln, die einem weiterhelfen:

1. Das Verb **andar** wird benutzt bei allgemeinen Aussagen, ohne Zielangabe:

| | |
|---|---|
| Gostas de **andar** de bicicleta no Verão? | *Magst du im Sommer Rad fahren?* |
| Eu adoro **andar** a pé! | *Ich liebe es sehr, zu Fuß zu gehen!* |
| Ela não tem medo de **andar** de avião. | *Sie hat keine Angst, (mit dem Flugzeug) zu fliegen.* |

2. Das Verb **ir** wird immer mit einer Zielangabe benutzt:

| | |
|---|---|
| **Vais** de bicicleta **para o trabalho**? | *Fährst du mit dem Rad zur Arbeit?* |
| Hoje **vou** a pé **para o liceu**. | *Heute gehe ich zu Fuß ins Gymnasium.* |
| Ela **vai** de avião **para Santa Catarina**. | *Sie fliegt (mit dem Flugzeug) nach Santa Catarina.* |

3. Bestimmte feststehende Ausdrücke wie **andar em = frequentar** *(regelmäßig besuchen)*, **ir de férias** *(in Urlaub gehen)* werden immer mit dem gleichen Verb gebildet:

| | |
|---|---|
| **Em** que escola **anda** o seu filho? | *Welche Schule besucht Ihr Sohn?* |
| **Foste de férias** no ano passado? | *Bist du voriges Jahr in Urlaub gegangen?* |

## Muito und muito/-a, muitos/-as

Meistens werden zwei Möglichkeiten für die Übersetzung von **muito** angegeben: *viel* und *sehr*. Die Frage bleibt: Was nimmt man wann? Auch das ist einfach, wenn man die Sache genauer anschaut. Generell gilt:

1. Das Adverb **muito** bedeutet *sehr* und ist, wie alle Adverbien, unveränderlich:

| | |
|---|---|
| Esta revista é **muito** informativa. | *Diese Zeitschrift ist sehr informativ.* |
| Gosto **muito** de fruta. | *Ich mag Obst sehr.* |
| Já falas **muito** bem português. | *Du sprichst schon sehr gut Portugiesisch.* |

*aber:*
Nach Verben, bei denen es darum geht, ob etwas viel oder wenig getan wird, wie **trabalhar** *(arbeiten)*, **comer** *(essen)*, **beber** *(trinken)*, ***chover*** (regnen), **nevar** *(schneien)*, wird **muito** im Deutschen meistens mit *viel* übersetzt.

| | |
|---|---|
| Está a chover **muito**! | *Es regnet viel!* |
| Não bebas **muito**! | *Trink nicht (so) viel!* |

2. Das veränderliche Indefinitpronomen **muito/-a, muitos/-as** bedeutet *viel*. Es steht fast immer zusammen mit einem Substantiv, nach dem es sich in Geschlecht und Zahl richtet.

| | |
|---|---|
| Eles bebem **muito** café. | *Sie trinken viel Kaffee.* |
| Para isso precisas de **muita** força. | *Dazu brauchst du viel Kraft.* |
| Há **muitos** tipos de rosas. | *Es gibt viele Rosensorten.* |
| Conheces **muitas** praias no Norte? | *Kennst du viele Strände im Norden?* |

Übrigens: Beide Formen können gesteigert werden:

| | |
|---|---|
| Esta revista é **muitíssimo** informativa. | *Diese Zeitschrift ist sehr, sehr informativ.* |
| Há **muitíssimos** tipos de rosas. | *Es gibt sehr, sehr viele Rosensorten.* |

## É que

Die meisten Nicht-Muttersprachler sind auf die **é que**-Konstruktion nicht gut zu sprechen! Verständlich, denn **é que** direkt nach einem Fragewort kann ein gemeiner Zungenbrecher sein:

| | |
|---|---|
| O que **é que** vocês vão comer? | *Was werdet ihr essen?* |

**É que** wird benutzt:

1. in der Umgangssprache bei Fragen mit Fragewörtern. Der Sinn der Frage bleibt unverändert, d. h. **é que** wird nicht übersetzt. Es soll die Frage flüssiger machen, da keine Inversion notwendig ist, und wird sehr gern verwendet:

| | |
|---|---|
| Quanto **é que** o café custou? | *Wie viel hat der Kaffee gekostet?* |

▶ Kapitel 12 Die Frage mit Fragewort, Seite 98.

2. um Adverbien, Substantive etc. in nachgestellter Position hervorzuheben:

| | |
|---|---|
| **Ele é que** quer ir a uma casa de fados. | ***Er*** *will in ein Fado-Haus gehen. (Er ist derjenige, der in ein Fado-Haus gehen will.)* |
| **Hoje é que** chegou o teu postal. | ***Heute*** *ist deine Karte angekommen.* |

3. am Satzanfang mit der Bedeutung *nämlich, denn*:

| | |
|---|---|
| Não vou contigo. **É que** não tenho tempo nenhum ... | *Ich gehe nicht mit dir mit. Ich habe nämlich überhaupt keine Zeit ...* |
| Qual é o problema?<br>**É que** me esqueci dos óculos ... | *Was gibt es für ein Problem?*<br>*Es ist nämlich so, dass ich die Brille vergessen habe ...* |

# Pois

Jeder, der Portugiesisch bewusst gehört hat, wird das Wörtchen **pois** kennen. Dieses Adverb der Bejahung ist nämlich gern und oft in aller Munde. Wie man **pois** übersetzt? Nun, das ist keine so ganz einfache Geschichte. Im Folgenden einige Möglichkeiten:

1. als Betonung der bejahten Antwort:

| | |
|---|---|
| Vais à festa? | *Gehst du zur Party?* |
| Vou, **pois**!<br>**Pois** vou! | *Ja, klar!* |

2. als bejahende Antwort auf eine verneinte Frage:

| | |
|---|---|
| Não compraste manteiga?<br>Comprei, **pois**. | *Hast du keine Butter gekauft?*<br>*Doch.* |

▶ Kapitel 12 Der Antwortsatz, Seite 99.

3. in einer Konversation als Zeichen der Zustimmung zu dem, was der Gesprächspartner sagt. Das wird besonders am Telefon praktiziert:

| | |
|---|---|
| **Pois**, tens razão! | *Ja, du hast Recht!* |
| **Pois** é! | *Ja, so ist es!* |
| Ah! **Pois!** | *Ach! Ja, doch!* |
| **Pois** claro! | *Klar doch!* |
| **Pois, pois ...** | *Ja, ja ...* |
| **Pois** ... | *Eben!* |

4. **pois não** kann verwendet werden:

im europäischen Portugiesisch:
als Antwort auf eine verneinte Frage, wenn der Sprecher weiß, dass der Gesprächspartner diese Antwort erwartet oder ahnt:

| | |
|---|---|
| Não foste ao médico? | *Bis du nicht zum Arzt gegangen?* |

| | |
|---|---|
| **Pois não**, já estou melhor. | *Nein, mir geht es schon besser.* |
| Não vamos para a praia?<br>**Pois não**, o tempo está mau! | *Gehen wir nicht zum Strand?*<br>*Nein, das Wetter ist schlecht!* |

im brasilianischen Portugiesisch:
als höfliche, zustimmende Antwort auf eine Bitte:

| | |
|---|---|
| Você pode me trocar esta nota? | *Kannst du mir diesen Geldschein wechseln?* |
| **Pois não**! | *Ja, gern!* |

## Zum Schluss

Die harten portugiesischen Nüsse sind mit Hilfe dieses Kapitels bestimmt besser zu knacken. Ein kleiner Trost noch: Im Portugiesischen gibt es den Ausdruck **dar pontapés na gramática** *(der Grammatik Fußtritte geben)*. Und was Muttersprachler können, können Nicht-Muttersprachler schon lang, oder!?

Eins ist wichtig zu wissen: Portugiesen, Brasilianer und alle, die Portugiesisch als Muttersprache haben, bringen allen Ausländern großen Respekt entgegen, die sich mit dem Portugiesischen Mühe geben. Auch wenn Sie Fehler machen, Sie werden immer Anerkennung spüren.
Also, halten Sie die Ohren steif, der Weg geht nach vorne. Sie haben ja diese Grammatik!

# Anhang: Konjugationstabellen

## Übersicht der wichtigsten unregelmäßigen Verben

Die folgende Übersicht enthält die unregelmäßigen Verbformen, bei denen Veränderungen im Stamm vorkommen. Nicht aufgeführte Zeiten und Modi werden regelmäßig gebildet. Wenig gebräuchliche Verben werden ebenfalls nicht aufgeführt.

In den Konjugationstabellen werden folgende Abkürzungen verwendet:

| | | |
|---|---|---|
| pres. | presente | Präsens |
| pps | pretérito perfeito simples | einfaches Perfekt |
| pret. imp. | pretérito imperfeito | Imperfekt |
| fut. s. | futuro simples | Futur I |
| fut. imp. | futuro imperfeito | Konjunktiv Futur I |

Das Sternchen (*) bedeutet, dass die so bezeichnete Form heute fast nicht mehr benutzt wird.

- **cair** *(fallen, hinfallen)* ⇒ **sair**
- **chegar** *(ankommen)* ⇒ **pagar** — *aber:* Particípio: chegado
- **cobrir** *(be-, zudecken)* ⇒ **dormir** — *aber:* Particípio: **coberto**
- **consumir** *(verzehren)* ⇒ **subir**
- **crer** *(glauben)* ⇒ **ler**
- **dar** *(geben)*

| Indicativo | | Conjuntivo | | | Imperativo |
|---|---|---|---|---|---|
| pres. | pps | pres. | pret. imp. | fut. imp. | |
| **dou** | **dei** | **dê** | **desse** | **der** | |
| **dás** | **de**ste | **dês** | **desses** | **deres** | **dá** / não **dês** |
| **dá** | **deu** | **dê** | **desse** | **der** | **dê** |
| damos | **de**mos | **dê**mos | **désse**mos | **der**mos | **dê**mos |
| **dão** | **de**ram | **dê**em | **desse**m | **der**em | **dê**em |

- **despir** *(ausziehen)* ⇒ **sentir**
- **divertir(-se)** *(vergnügen, sich vergnügen)* ⇒ **sentir**
- **dizer** *(sagen)*

| Indicativo | | | Condicional | Conjuntivo | |
|---|---|---|---|---|---|
| pres. | pps | fut. s. | | pres. | pret. imp. |
| **digo** | **disse** | **dir**ei | **dir**ia | **dig**a | **diss**esse |
| dizes | **diss**este | **dir**ás | **dir**ias | **dig**as | **diss**esses |
| **diz** | **disse** | **dir**á | **dir**ia | **dig**a | **diss**esse |
| dizemos | **diss**emos | **dir**emos | **dir**íamos | **dig**amos | **diss**éssemos |
| dizem | **diss**eram | **dir**ão | **dir**iam | **dig**am | **diss**essem |

| Conjuntivo | Imperativo |
|---|---|
| fut. imp. | |
| **disser** | |
| **disser**es | **diz** / não **dig**as |
| **disser** | **dig**a |
| **disser**mos | **dig**amos |
| **disser**em | **dig**am |
| Partícipio: **dito** | |

Ebenso: **contradizer** *(widersprechen)*, **redizer** *(wieder sagen)* etc.

- **dormir** *(schlafen)*

| Indicativo | Conjuntivo | Imperativo |
|---|---|---|
| pres. | pres. | |
| **durm**o | **durm**a | |
| dormes | **durm**as | dorme / não **durm**as |
| dorme | **durm**a | **durm**a |
| dormimos | **durm**amos | **durm**amos |
| dormem | **durm**am | **durm**am |

- **estar** *(sein, sich befinden)*

| Indicativo | | Conjuntivo | | | Imperativo |
|---|---|---|---|---|---|
| pres. | pps | pres. | pret. imp. | fut. imp. | |
| **estou** | **estive** | **estej**a | **estiv**esse | **estiver** | |
| **est**á**s** | **estiv**este | **estej**as | **estiv**esses | **estiver**es | **está** / não **estej**as |
| **está** | **esteve** | **estej**a | **estiv**esse | **estiver** | **estej**a |
| estamos | **estiv**emos | **estej**amos | **estiv**éssemos | **estiver**mos | **estej**amos |
| **estão** | **estiv**eram | **estej**am | **estiv**essem | **estiver**em | **estej**am |

- **fazer** *(machen, tun)*

| Indicativo | | | Condicional | Conjuntivo | |
|---|---|---|---|---|---|
| pres. | pps | fut. s. | | pres. | pret. imp. |
| **faç**o | **fiz** | **far**ei | **far**ia | **faç**a | **fiz**esse |
| fazes | **fiz**este | **far**ás | **far**ias | **faç**as | **fiz**esses |
| **faz** | **fez** | **far**á | **far**ia | **faç**a | **fiz**esse |
| fazemos | **fiz**emos | **far**emos | **far**íamos | **faç**amos | **fiz**éssemos |
| fazem | **fiz**eram | **far**ão | **far**iam | **faç**am | **fiz**essem |

| Conjuntivo | Imperativo |
|---|---|
| fut. imp. | |
| **fizer** | |
| **fizer**es | **faz** / não **faç**as |
| **fizer** | **faç**a |
| **fizer**mos | **faç**amos |
| **fizer**em | **faç**am |
| Particípio: **feito** | |

Ebenso: **refazer** *(wieder machen)* etc.

- **ferir(-se)** *(verletzen, sich verletzen)* ⇒ **sentir**

- **ficar** *(bleiben, sich befinden)*

| Indicativo | Conjuntivo | Imperativo |
|---|---|---|
| pps | pres. | |
| fi**qu**ei | fi**que** | |
| ficaste | fi**qu**es | fica / não fi**qu**es |
| ficou | fi**que** | fi**que** |
| ficámos | fi**qu**emos | fi**qu**emos |
| ficaram | fi**qu**em | fi**qu**em |

- **haver** *(haben)* (in der 3. P. Sing. *es gibt* etc.)

| Indicativo | | Conjuntivo | | |
|---|---|---|---|---|
| pres. | pps | pres. | pret. imp. | fut. imp. |
| | | | | |
| | | | | |
| **há** | **houve** | **haj**a | **houve**sse | **houver** |
| | | | | |
| | | | | |

- **ir** *(gehen, fahren)*

| Indicativo | | | Conjuntivo | | | Imperativo |
|---|---|---|---|---|---|---|
| pres. | pps | pret. imp. | pres. | pret. imp. | fut. imp. | |
| **vou** | **fui** | ia | **vá** | **fo**sse | **for** | |
| **vais** | **fo**ste | ias | **vás** | **fo**sses | **for**es | **vai** / não **vás** |
| **vai** | **foi** | ia | **vá** | **fo**sse | **for** | **vá** |
| **va**mos | **fo**mos | íamos | **va**mos | **fô**ssemos | **for**mos | **va**mos |
| **vão** | **fo**ram | iam | **vão** | **fo**ssem | **for**em | **vão** |

- **ler** *(lesen)*

| Indicativo | Conjuntivo | Imperativo |
|---|---|---|
| pres. | pres. | |
| **lei**o | **lei**a | |
| **lê**s | **lei**as | **lê** / não **lei**as |
| **lê** | **lei**a | **lei**a |
| lemos | **lei**amos | **lei**amos |
| **lê**em | **lei**am | **lei**am |

- **ouvir** *(hören)*

| Indicativo | Conjuntivo | Imperativo |
|---|---|---|
| pres. | pres. | |
| **ouç**o | **ouç**a | |
| ouves | **ouç**as | ouve / não **ouç**as |
| ouve | **ouç**a | **ouç**a |
| ouvimos | **ouç**amos | **ouç**amos |
| ouvem | **ouç**am | **ouç**am |

- **pagar** *(zahlen)*

| Indicativo | Conjuntivo | Imperativo |
|---|---|---|
| pps | pres. | |
| pa**gu**ei | pa**gu**e | |
| pagaste | pa**gu**es | paga / não pa**gu**es |
| pagou | pa**gu**e | pa**gu**e |
| pagámos | pa**gu**emos | pa**gu**emos |
| pagaram | pa**gu**em | pa**gu**em |
| Particípio: pagado*/**pago** | | |

- **passear** *(spazieren)*

| Indicativo | Conjuntivo | Imperativo |
|---|---|---|
| pres. | pres. | |
| **passei**o | **passei**e | |
| **passei**as | **passei**es | **passei**a / não **passei**es |
| **passei**a | **passei**e | **passei**e |
| passeamos | passeemos | passeemos |
| **passei**am | **passei**em | **passei**em |

- **pedir** *(bitten)*

| Indicativo | Conjuntivo | Imperativo |
|---|---|---|
| pres. | pres. | |
| **peç**o | **peç**a | |
| pedes | **peç**as | pede / não **peç**as |
| pede | **peç**a | **peç**a |
| pedimos | **peç**amos | **peç**amos |
| pedem | **peç**am | **peç**am |

- **pentear(-se)** *(kämmen, sich kämmen)* ⇒ **passear**

- **perder** *(verlieren)*

| Indicativo | Conjuntivo | Imperativo |
|---|---|---|
| pres. | pres. | |
| **perc**o | **perc**a | |
| perdes | **perc**as | perde / não **perc**as |
| perde | **perc**a | **perc**a |
| perdemos | **perc**amos | **perc**amos |
| perdem | **perc**am | **perc**am |

- **poder** *(können, dürfen)*

| Indicativo | | Conjuntivo | | | Imperativo |
|---|---|---|---|---|---|
| pres. | pps | pres. | pret. imp. | fut. imp. | |
| **poss**o | **pud**e | **poss**a | **pud**esse | **puder** | |
| podes | **pud**este | **poss**as | **pud**esses | **puder**es | pode / não **poss**as |
| pode | **pôd**e | **poss**a | **pud**esse | **puder** | **poss**a |
| podemos | **pud**emos | **poss**amos | **pudé**ssemos | **puder**mos | **poss**amos |
| podem | **pud**eram | **poss**am | **pud**essem | **puder**em | **poss**am |

- **pôr** *(setzen, stellen, legen)*

| Indicativo | | | Conjuntivo | | |
|---|---|---|---|---|---|
| pres. | pps | pret. imp. | pres. | pret. imp. | fut. imp. |
| **ponh**o | **pus** | **punh**a | **ponh**a | **pus**esse | **puser** |
| **põe**s | **pus**este | **punh**as | **ponh**as | **pus**esses | **puser**es |
| **põe** | **pôs** | **punh**a | **ponh**a | **pus**esse | **puser** |
| pomos | **pus**emos | **púnh**amos | **ponh**amos | **pusé**ssemos | **puser**mos |
| **põe**m | **pus**eram | **punh**am | **ponh**am | **pus**essem | **puser**em |

| Imperativo |
| --- |
| |
| |
| **põe** / não **ponh**as |
| **ponh**a |
| **ponh**amos |
| **ponh**am |
| Particípio: **posto** |

Ebenso: **compor** *(zusammensetzen)*, **dispor** *(verfügen, anordnen)*, **expor** *(ausstellen, darlegen)*, **impor** *(auferlegen)*, **opor** *(entgegensetzen)*, **propor** *(vorschlagen)* etc.

- **preferir** *(vorziehen)* ⇒ **sentir**

- **prevenir** *(vorbeugen)* ⇒ **sentir**

- **querer** *(wollen, mögen)*

| Indicativo | | Conjuntivo | | | Imperativo |
| --- | --- | --- | --- | --- | --- |
| pres. | pps | pres. | pret. imp. | fut. imp. | |
| quero | **quis** | **queir**a | **quis**esse | **quiser** | |
| queres | **quis**este | **queir**as | **quis**esses | **quiser**es | **quer** / não **queir**as |
| **quer** | **quis** | **queir**a | **quis**esse | **quiser** | **queir**a |
| queremos | **quis**emos | **queir**amos | **quis**éssemos | **quiser**mos | **queir**amos |
| querem | **quis**eram | **queir**am | **quis**essem | **quiser**em | **queir**am |

Ebenso: **requerer** *(beantragen)* etc.

- **repetir** *(wiederholen)* ⇒ **sentir**

- **rir** *(lachen)*

| Indicativo | Conjuntivo | Imperativo |
| --- | --- | --- |
| pres. | pres. | |
| **r**io | **r**ia | |
| **r**is | **r**ias | **ri** / não **r**ias |
| **ri** | **r**ia | **r**ia |
| rimos | **r**iamos | **r**iamos |
| **r**iem | **r**iam | **r**iam |

Ebenso: **sorrir** *(lächeln)*

- **saber** *(wissen, können)*

| Indicativo | | Conjuntivo | | |
| --- | --- | --- | --- | --- |
| pres. | pps | pres. | pret. imp. | fut. imp. |
| **sei** | **soube** | **saib**a | **soub**esse | **souber** |
| sabes | **soub**este | **saib**as | **soub**esses | **souber**es |
| sabe | **soube** | **saib**a | **soub**esse | **souber** |
| sabemos | **soub**emos | **saib**amos | **soub**éssemos | **souber**mos |
| sabem | **soub**eram | **saib**am | **soub**essem | **souber**em |

| Imperativo |
|---|
| |
| |
| sabe / não **saib**as |
| **saib**a |
| **saib**amos |
| **saib**am |

- **sair** *(ausgehen, hinausgehen)*

| Indicativo | | | Conjuntivo | |
|---|---|---|---|---|
| pres. | pps | pret. imp. | pret. imp. | fut. imp. |
| **sai**o | **saí** | **saí**a | **saí**sse | sair |
| **sai**s | **saí**ste | **saí**as | **saí**sses | **saí**res |
| **sai** | **saí**u | **saí**a | **saí**sse | sair |
| **saí**mos | **saí**mos | **saí**amos | **saí**ssemos | **saí**rmos |
| **sai**em | **saí**ram | **saí**am | **saí**ssem | **saí**rem |
| Particípio: **saído** | | | | |

- **sentir** *(fühlen)*

| Indicativo | Conjuntivo | Imperativo |
|---|---|---|
| pres. | pres. | |
| **sint**o | **sint**a | |
| sentes | **sint**as | sente / não **sint**as |
| sente | **sint**a | **sint**a |
| sentimos | **sint**amos | **sint**amos |
| sentem | **sint**am | **sint**am |

- **ser** *(sein)*

| Indicativo | | | Conjuntivo | | |
|---|---|---|---|---|---|
| pres. | pps | pret. imp. | pres. | pret. imp. | fut. imp. |
| **sou** | **fui** | **era** | **sej**a | **fo**sse | **for** |
| **és** | **fo**ste | **era**s | **sej**as | **fo**sses | **for**es |
| **é** | **foi** | **era** | **sej**a | **fo**sse | **for** |
| **so**mos | **fo**mos | **éra**mos | **sej**amos | **fô**ssemos | **for**mos |
| **são** | **fo**ram | **era**m | **sej**am | **fo**ssem | **for**em |

| Imperativo |
|---|
| |
| |
| **sê** / não **sej**as |
| **sej**a |
| **sej**amos |
| **sej**am |
| Particípio: **sido** |

- **servir** *(dienen, passen)* ⇒ **sentir**

- **subir** *(einsteigen, hinaufgehen)*

| Indicativo | Imperativo |
|---|---|
| pres. | |
| subo | |
| **sob**es | **sobe** / não subas |
| **sob**e | suba |
| subimos | subamos |
| **sob**em | subam |

- **ter** *(haben)*

| Indicativo | | | Conjuntivo | | |
|---|---|---|---|---|---|
| pres. | pps | pret. imp. | pres. | pret. imp. | fut. imp. |
| **tenh**o | **tive** | **tinh**a | **tenh**a | **tiv**esse | **tiver** |
| **tens** | **tiv**este | **tinh**as | **tenh**as | **tiv**esses | **tiver**es |
| **tem** | **teve** | **tinh**a | **tenh**a | **tiv**esse | **tiver** |
| temos | **tiv**emos | **tính**amos | **tenh**amos | **tivé**ssemos | **tiver**mos |
| **têm** | **tiv**eram | **tinh**am | **tenh**am | **tiv**essem | **tiver**em |

| Imperativo |
|---|
| |
| |
| **tem** / não **tenh**as |
| **tenh**a |
| **tenh**amos |
| **tenh**am |

Ebenso: **conter** *(beinhalten)*, **deter** *(zurückhalten)*, **entreter** *(unterhalten)*, **manter** *(halten, behalten)* etc.

- **trazer** *(herbringen)*

| Indicativo | | | Condicional | Conjuntivo |
|---|---|---|---|---|
| pres. | pps | fut. s. | | pres. |
| **trag**o | **trouxe** | **trar**ei | **trar**ia | **trag**a |
| trazes | **troux**este | **trar**ás | **trar**ias | **trag**as |
| **traz** | **trouxe** | **trar**á | **trar**ia | **trag**a |
| trazemos | **troux**emos | **trar**emos | **trar**íamos | **trag**amos |
| trazem | **troux**eram | **trar**ão | **trar**iam | **trag**am |

| Conjuntivo | | Imperativo |
|---|---|---|
| pret. imp. | fut. imp. | |
| **troux**esse | **trouxer** | |
| **troux**esses | **trouxer**es | **traz** / não **trag**as |
| **troux**esse | **trouxer** | **trag**a |
| **trouxé**ssemos | **trouxer**mos | **trag**amos |
| **troux**essem | **trouxer**em | **trag**am |

• **ver** *(sehen)*

| Indicativo | | Conjuntivo | | | Imperativo |
|---|---|---|---|---|---|
| pres. | pps | pres. | pret. imp. | fut. imp. | |
| **vej**o | **vi** | **vej**a | **vi**sse | **vir** | |
| **vê**s | **vi**ste | **vej**as | **vi**sses | **vir**es | **vê** / não **vej**as |
| **vê** | **viu** | **vej**a | **vi**sse | **vir** | **vej**a |
| vemos | **vi**mos | **vej**amos | **ví**ssemos | **vir**mos | **vej**amos |
| **vêe**m | **vi**ram | **vej**am | **vi**ssem | **vir**em | **vej**am |
| Particípio: **visto** | | | | | |

Ebenso: **prever** *(vorsehen)*, **rever** *(wiedersehen)* etc.

• **vestir** *(anziehen)* ⇒ **sentir**

• **vir** *(kommen)*

| Indicativo | | | Conjuntivo | | |
|---|---|---|---|---|---|
| pres. | pps | pret. imp. | pres. | pret. imp. | fut. imp. |
| **venh**o | **vim** | **vinh**a | **venh**a | **vie**sse | **vier** |
| **vens** | **vie**ste | **vinh**as | **venh**as | **vie**sses | **vier**es |
| **vem** | **veio** | **vinh**a | **venh**a | **vie**sse | **vier** |
| vimos | **vie**mos | **vính**amos | **venh**amos | **vié**ssemos | **vier**mos |
| **vêm** | **vie**ram | **vinh**am | **venh**am | **vie**ssem | **vier**em |

| Imperativo |
|---|
| |
| |
| **vem** / não **venh**as |
| **venh**a |
| **venh**amos |
| **venh**am |
| Particípio: **vindo** |

# Stichwortregister